LE MEILLEUR DU Gorafi AVANT L'APOCALYPSE

Conception et réalisation graphique : Romain Dumas

82, rue Saint-Lazare
CS 10124
75009 Paris

ISBN : 978-2-0802-9160-8

LE MEILLEUR DU Gorafi AVANT L'APOCALYPSE

Flammarion

AVANT-PROPOS

L'an dernier, déjà, j'avais signé quelques mots en préambule de ce formidable ouvrage du *Gorafi*. Cette année, leur formidable équipe m'a demandé de reprendre la plume. Et c'est un honneur pour moi que d'annoncer que le groupe Vivendi va ainsi entrer au capital des préfaces de tous les prochains ouvrages du *Gorafi* et ce, à hauteur de 54 %.

Cette formidable opération financière déductible des impôts constitue pour nous la possibilité d'élargir la sphère d'influence de notre grand groupe en renforçant la synergie entre les marques qui le composent. Si vous ne comprenez pas, ce n'est pas grave, notre conseil de surveillance lui comprend tout à fait et c'est tout ce qui nous importe. Mais il y a mieux. Ce rachat va apporter son lot de changements, de bouleversements et d'accomplissements.

Ainsi, à l'avenir, les préfaces seront disponibles dans les Relay de toutes les gares de France et en téléchargement premium avec votre abonnement Universal Music. Mon formidable ami Cyril Hanouna m'a soufflé l'idée de les adapter sous un format révolutionnaire en télévision sous le nom de « Touche pas à ma préface ». Je trouve cela formidable.

Bien sûr, il y aura toujours des tristes sires pour dire que le changement, ce n'est pas formidable, ou que Vivendi s'accapare encore davantage de parts dans le milieu de l'édition et que nous serions en situation de monopole, ou que nous mettons en danger la pluralité des opinions et la liberté des éditeurs.

Que nenni !

Laissez-moi vous dire que c'est tout à fait faux et que si vous pensez le contraire, un recommandé à votre adresse pour une assignation en justice pour « obstruction », « empêchement temporaire de quiétude spirituelle personnelle par émission d'opinions non contractuellement valables par quelque moyen de communication » peut partir dans la minute. Certains appellent cela « procédure bâillon », j'appelle cela « le monde de demain ».

Dans tous les cas, je suis très heureux d'ouvrir ce formidable ouvrage du *Gorafi*, bilan d'une année très riche !

Je vous souhaite une formidable lecture.

Vincent Bolloré

PRÉFACE

Chères lectrices, chers lecteurs,

Il y a quelques mois, mon ami Bernard Arnault me faisait la remarque pertinente que le retour du *Gorafi* sous une forme de recueil annuel serait une bonne idée financière. Outre qu'il permet de vous refaire payer des articles que vous avez déjà lus gratuitement, il sert aussi à la création d'une rente annuelle que nous défiscalisons dans un pays où les règles de l'extradition ne s'appliquent pas.

Car il ne vous aura pas échappé que nous vivons une époque troublée, compliquée, et que, au quotidien, notre modèle économique capitaliste occidental est mis à rude épreuve. Je me doute qu'un grand nombre d'entre vous se sont immédiatement inquiétés pour moi, pour ma fortune personnelle et mes avoirs placés dans différents pays dont certains sont aujourd'hui sous embargo. Cependant, je veux vous rassurer sur cela : étant moi-même extrêmement riche, je n'ai absolument rien à craindre du tout, à la différence de vous. D'ailleurs, comme beaucoup d'entre vous aussi, j'ai découvert un nouveau mot cette année : « inflation ». Quel joli mot. Moins joli néanmoins que « spéculation » et « défiscalisation ».

Ces derniers mois auront été traversés par plusieurs crises très importantes. Ainsi la guerre en Ukraine m'a privé de mes nombreux avoirs en Russie comme de mes six datchas, mon élevage de saumons privé, et mes abonnements aux saunas moscovites dans lesquels je ne puis plus me rendre dans l'immédiat. Quel crève-cœur. C'est très dur de devoir revoir sa manière de vivre ainsi du jour au lendemain. Je n'ose imaginer ce que l'homme de la rue peut endurer. Je le vois parfois, quand je contemple la ville tandis que mon jet privé aux hublots plaqués or entame sa descente sur ma piste privée de l'aéroport Charles-de-Gaulle.

Et dans ce cas, je ne peux que vous envoyer mes pensées et mes prières pour les mois à venir et espérer en outre que vous avez assez épargné au cours de l'année pour vous offrir notre magnifique ouvrage et les prochains à paraître !

Jean-François Buissière

JUILLET - AOÛT 2021

Vélo

Tour de France – Les coureurs autorisés à tirer au LBD pour éloigner la foule

Alors que les coureurs entament leur deuxième semaine de course, l'organisation du Tour de France vient de dévoiler plusieurs mesures radicales visant à limiter les risques de chutes provoquées par la foule.

Après une première semaine marquée par les chutes, le directeur du Tour de France Christian Prudhomme a profité de la journée de repos pour réfléchir à de nouvelles règles visant à renforcer la sécurité des coureurs. La principale nouveauté se trouve du côté de l'équipement des cyclistes qui seront désormais dotés de matraques et de lanceurs de balles de défense. Du matériel qui pourra être fourni par les directeurs d'équipe pendant la course et avec lequel ils auront la possibilité de viser les spectateurs qui empiètent sur le parcours.

En complément à ces nouveaux équipements, le directeur du Tour précise également que le passage des coureurs sera précédé d'une moissonneuse-batteuse afin d'écarter la foule aux endroits les plus fréquentés du parcours. Le directeur du Tour appelle cependant les coureurs à une utilisation raisonnée et appropriée des lanceurs LBD « en fonction de la menace exercée par la foule, sauf si celle-ci porte des déguisements de Vikings ou de pénis ».

Christian Prudhomme a aussi dévoilé un nouveau règlement concernant directement les spectateurs qui se rendront au bord de la route du Tour de France. Avec en premier lieu, une nouvelle réglementation des pancartes et l'interdiction des polices d'écriture en couleur, trop criardes et coupables selon lui de déconcentrer les coureurs. Le maintien de la pluie jusqu'à l'arrivée à Paris et la diffusion de chansons de Chimène Badi par la caravane ont également été annoncés pour réduire le nombre de spectateurs.

POUR RASSURER TOUT LE MONDE, LES TALIBANS PROMETTENT DE LIRE LE DERNIER RAPPORT DU GIEC

Dans une volonté de calmer les esprits, les talibans se sont engagés à lire dès que possible la dernière édition du rapport du GIEC.

Une annonce surprise qui a été favorablement accueillie par la communauté internationale. «Cela prouve qu'ils peuvent être raisonnables. Qu'ils se contentent juste de le lire, pas d'en appliquer les exigences», s'est félicité pour sa part le secrétaire général de l'ONU. «Ce ne sont pas de si mauvais bougres que ça, finalement. Mais attention, si nous ne prêtons pas attention, ils pourraient prendre des décisions pour empêcher drastiquement les prochaines hausses de température», a quant à lui réagi le chef du Pentagone. Cependant, la Russie et la Chine, alliés objectifs des talibans, ont montré un peu plus de réserves quant à cette décision, appelant les talibans à revenir à la raison sous peine de leur couper les vivres. «Nous espérons que les talibans ne se radicaliseront pas et n'iront pas vers une application stricte du rapport du GIEC, faute de quoi nous serons dans l'obligation de suspendre nos accords.»

Société

Un Parisien tente l'aventure de sa vie en prenant exceptionnellement le bus au lieu du métro

Paris – Une histoire incroyable. Extraordinaire. Un conte dont on se racontera encore les péripéties dans quelques années, aux veillées ou sur les quais dans l'attente d'un RER en grève. Reportage.

« Je ne sais pas ce qui m'a pris, je me suis dit allez, pourquoi pas ! » Romain, un habitant du XIVe arrondissement, a tenté l'expérience de sa vie en optant pour un trajet en surface au lieu de prendre traditionnellement le métro. « J'avais envie de voir un peu à quoi ressemble Paris de jour à l'extérieur, quels sont les gens, les sensations, la vie dans le grand dehors. » Pour ne rien rater de cette aventure, il va ainsi tout noter dans un petit carnet Moleskine et prendre moult photos avec son smartphone, derrière la vitre pleine de gras de cheveux. « Comme ça, je pourrai raconter ça plus tard à mes enfants et petits-enfants. »

Le trajet est court mais nécessite cependant un changement. « J'ai eu un peu peur, mais j'ai changé des années durant à Place de Clichy entre la 2 et la 13. Je me suis dit, Romain, tu peux le faire. » Armé de son seul courage et de son appli de transport, il va effectuer un changement dans les règles de l'art. « Je pensais à tous ceux qui sont dessous, sous terre, mes camarades enfermés tandis que moi je suis dehors à l'air libre », explique-t-il en repensant à ce moment où il remplissait ses poumons. « Je me suis senti libre, capable de découvrir de nouvelles terres inexplorées. »

Arrivé sain et sauf au travail, Romain a méthodiquement raconté son aventure à tous ses camarades de bureau : il espère ainsi provoquer un déclic dans les mentalités. Il se dit même prêt à aller plus loin et à ne plus prendre son SUV pour effectuer le trajet entre chez lui et l'arrêt de bus.

FRANCIS LALANNE ÉPUISÉ APRÈS AVOIR ESSAYÉ PENDANT PLUS D'UNE HEURE D'ATTRAPER SA QUEUE-DE-CHEVAL

Une vidéo montrant le chanteur en train de tourner sur lui-même pour tenter d'attraper sa queue-de-cheval circule depuis ce matin sur les réseaux sociaux.

Présent au moment des faits, un membre de l'équipe technique relate la scène. « Sans prévenir, il s'est mis à tourner sur lui-même comme une toupie. Il était comme possédé et répétait en boucle "je vais t'attraper, je vais t'attraper, je vais t'attraper" », raconte le technicien qui précise que l'intervention de plusieurs personnes a été nécessaire pour ramener le chanteur à la raison.

D'autres personnes qui ont assisté à la scène rapportent également que, quelques minutes après avoir retrouvé son calme, le chanteur se serait soudainement mis à courir en hurlant, visiblement effrayé par l'une de ses propres flatulences.

Politique

Le fort de Brégançon loué deux semaines au YouTubeur Emmanuel Macron

D'ordinaire réservé au président de la République, le fort de Brégançon a été loué au YouTubeur Emmanuel Macron pour les deux premières semaines du mois d'août. Une initiative qui fait débat.

« Il faut arrêter d'abaisser sans cesse la fonction présidentielle en faisant n'importe quoi », a déclaré Xavier Bertrand. « Certains lieux sont chargés d'histoire, on ne peut pas les traiter comme un loft conçu pour la téléréalité. C'est dégrader l'image de la France », s'est emporté Florian Philippot. « Il ne faut pas tout politiser, arrêtons les débats stériles, c'est important de donner leur chance aux jeunes », tempère de son côté Yannick Jadot. Depuis le « live » Insta et TikTok sur les vaccins du YouTubeur Emmanuel Macron, la polémique ne cesse d'enfler au sujet de la résidence d'État de Bormes-les-Mimosas (Var), d'ordinaire exploitée en tant que lieu officiel de villégiature du président. Interrogé, l'« influenceur », en baskets, casquette et baggy, ne voit pas le problème : « Rappelez-moi combien de *followers* avait le général de Gaulle ? O.K., *no comment.* »

Un symbole comme un autre

Pour lui, aucune raison d'être impressionné par le symbole. « Je suis sûr que Chirac ne savait même pas faire de salto arrière », déclare, avant de se prendre un plat monumental, celui qui semble ignorer que la construction de la piscine ne remonte qu'à 2018. De toute façon, Emmanuel Macron explique qu'il n'a « pas le temps de traîner » puisque son programme est chargé : réchauffement climatique avec Squeezie, coaching de vie et phrases inspirantes avec Bruno Le Maire et géopolitique avec Cyril Hanouna sont notamment prévus cette semaine. Seul regret pour le YouTubeur : « Y a pas de table de mixage ni de boule à facettes. Pour les soirées, c'est chaud. Heureusement qu'on peut faire venir des *escorts* ! »

CLARA LUCIANI CONFIRME QU'ELLE CONTINUERA À FAIRE DE LA PROMO TANT QUE VOUS N'AUREZ PAS ACHETÉ SON ALBUM

Clara Luciani affirme être prête à tout pour vous convaincre, y compris demander à vos proches de diffuser ses chansons toutes les vingt minutes dans les soirées que vous fréquenterez cet été.

En pleine promotion de son dernier disque, Clara Luciani n'a pas caché sa déception après avoir constaté que vous n'aviez pas encore acheté son album. Depuis, l'artiste multiplie les petites phrases visant à vous inciter à faire entrer son dernier disque dans votre collection. « Si ce n'est pas pour moi, alors faites-le au moins pour vous », déclarait-elle au micro d'une radio locale située à proximité de chez vous.

Pour la chanteuse, votre décision de bouder son dernier album malgré son omniprésence médiatique reste une profonde source de motivation pour continuer son marathon auprès de vous. « Depuis toute petite, j'ai toujours su que je voulais faire de la promo », a-t-elle révélé dans une interview accordée dans le dernier bulletin municipal de votre commune. Et d'ajouter, avec une pointe de dépit : « Même si c'est toujours un peu pénible d'avoir à écrire un album pour cela. »

Sciences

Le vaccin à base de sang de Didier Raoult efficace à 93 % selon une étude réalisée par Didier Raoult

Alors que la défiance d'une partie de la population vis-à-vis des vaccins contre le Covid-19 est réelle, une nouvelle invention du professeur Didier Raoult pourrait changer la donne.

Voilà qui pourrait aider le gouvernement à accélérer la vaccination. L'épidémiologiste a annoncé dans une nouvelle vidéo YouTube avoir trouvé « un vaccin efficace à 93 % contre le Covid ». Dans cette même vidéo, il explique que contrairement aux vaccins déjà sur le marché, le sien « ne protège pas seulement des formes graves mais de tous les symptômes ainsi que des oreillons, de la coqueluche, de l'hépatite B et du cancer des poumons ». Joint par téléphone, il confie : « Je sais qu'en France on n'aime pas trop entendre ça mais je suis le meilleur spécialiste contre le Covid, c'est un fait. Je suis donc étonné qu'on puisse être surpris par ma découverte. Elle est logique, elle s'inscrit dans un long processus d'immenses avancées et de conclusions sans faille, elle est le simple aboutissement de l'exercice quotidien de mon génie. »

Des résultats très encourageants

Même s'il n'a pas voulu nous révéler la composition exacte du vaccin, le professeur a accepté de nous en dévoiler une partie. « L'essentiel du produit est constitué de mon sang, ce qui est logique puisque j'ai le système immunitaire le plus résistant du monde. J'ai ajouté un peu d'hydroxychloroquine, une pointe de Vicks Vaporub et les cendres du dernier contrat entre l'UE et Pfizer. » Pour ce qui est de l'étude censée valider l'efficacité du vaccin, Didier Raoult est formel : « Elle est incontestable. Je l'ai menée sur six patients non-vaccinés, assez vieux, il y en avait même un qui avait presque 40 ans. En plus ils n'étaient pas tous en excellente santé, une femme faisait de l'aérophagie. Eh bien, il n'y a eu aucun mort et deux patients seulement en réa. » De quoi redonner de l'espoir à tout le monde en ces temps un peu moroses.

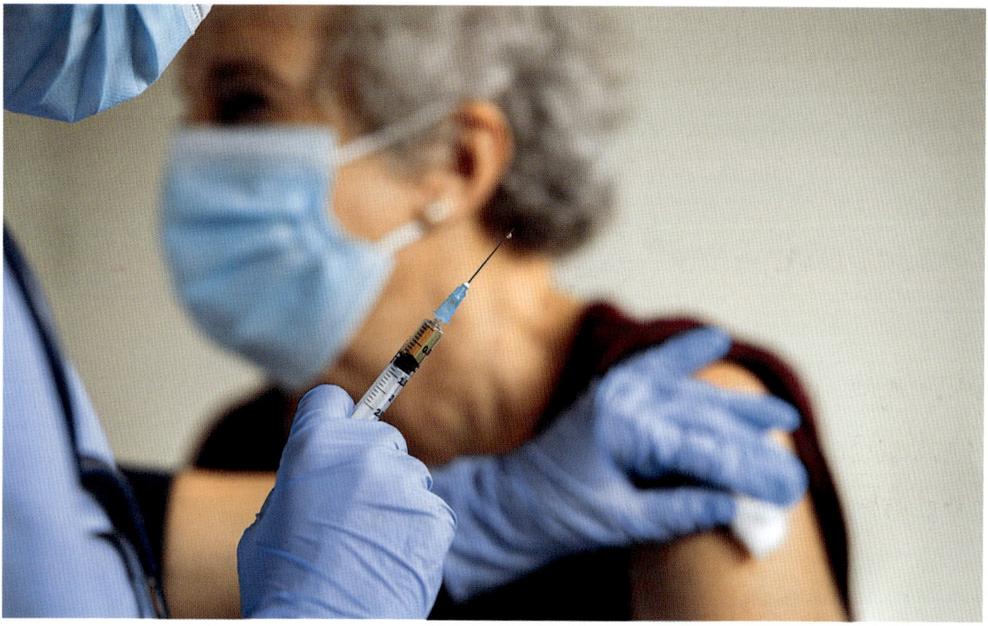

FACE À LA DICTATURE SANITAIRE, *LE GORAFI* VOUS OFFRE VOTRE QR CODE EXCLUSIF

Face à la tyrannie naissante, nous ne pouvions rester les bras croisés !

Aussi, il a été décidé qu'il était de notre devoir de délivrer les QR Codes de pass sanitaire à tous ceux qui le demanderont.

En flashant ce QR Code, vous aurez ainsi accès à un pass sanitaire gratuit comprenant deux places pour le prochain film de Christian Clavier, un poster dédicacé de Didier Raoult, deux billets de blog dans *France Soir* et un message répondeur personnalisé enregistré par Florian Philippot.

Vive la liberté retrouvée !
Vive la France !

Médias

Malgré la polémique, C8 diffusera bien un film affirmant que la Terre est plate

Le film *Unflatted* suit les aventures d'une jeune femme qui découvre que la Terre est en fait plate. Il sera diffusé prochainement sur la chaîne et ce malgré de nombreuses protestations.

« Nous sommes dans une volonté d'ouvrir le débat », a affirmé le directeur de la programmation de la chaîne qui balaye les critiques sur le film. « C'est un film qui offre un point de vue différent, qui n'est pas politiquement correct. » Le film raconte comment Mary, une jeune fille d'une vingtaine d'années qui s'engage sur un navire de pêche, découvre que la Terre est en fait plate. Son bateau manque en effet de tomber de peu dans un gigantesque trou d'eau qui s'avère être la bordure extrême de la Terre plate. Convaincue par sa découverte, elle n'aura dès lors d'autre combat que celui d'alerter ses proches et le reste du monde sur l'horrible vérité, tout en tentant d'échapper à d'impitoyables tueurs à gages à la solde de la NASA.

Le film a été sévèrement critiqué par plusieurs scientifiques de la NASA, le qualifiant de « grosse bouse à côté de laquelle *Armageddon* est un film d'auteur ». D'autres notent que le film ne repose sur strictement aucune vérité scientifique. Mais le réalisateur et scénariste du film a tenu, quant à lui, à en réaffirmer l'authenticité. « J'ai fait énormément de recherches sur Google et YouTube. » De son côté, C8 se réjouit « que le débat s'ouvre enfin sur un sujet tabou qui touche tous les Français ».

Mais la chaîne n'en a pas fini avec les polémiques puisqu'on apprend qu'elle diffusera en septembre un autre film affirmant que les personnes de couleur n'ont pas d'âme, et doivent ainsi être baptisées de force pour éviter que Satan ne s'empare d'elles.

LIONEL MESSI REFUSE FINALEMENT LE PSG EN DÉCOUVRANT LES PRIX DE L'IMMOBILIER PARISIEN

La star argentine a refusé de s'engager avec le PSG après avoir découvert les prix exorbitants de l'immobilier parisien.

L'agent du joueur n'a pas laissé planer le doute: Messi ne signera pas au Paris-Saint-Germain, la faute au prix de l'immobilier dans la capitale. « Le club parisien ne nous proposait que 40 millions d'euros annuels. Or, après quelques minutes sur seloger.com et Le Bon Coin, on a vite compris que ce n'était pas suffisant pour que Leo s'offre une studette, même en proche banlieue. Je ne sais pas comment font les habitants de cette ville, ils sont tous Qataris ou quoi ? »

Après enquête, ce n'est pas seulement l'immobilier qui a posé problème, mais aussi le coût de la vie en général. Une source proche de Lionel Messi raconte cette scène surréaliste, où la star du ballon rond aurait sauté au plafond en découvrant le prix du pass Navigo: « *¡Cuesta una fortuna! ¿Este metro está hecho de oro o qué?* » (« Ça coûte une fortune ! Il est fabriqué en or ce métro ou quoi ? » NDLR.)

France

Bernard-Henri Lévy arrêté alors qu'il tentait de s'enterrer vivant au Panthéon

Le philosophe Bernard-Henri Lévy est actuellement en garde à vue après avoir été arrêté en train de s'enterrer vivant au Panthéon.

Au commissariat du Ve arrondissement, c'est l'effervescence. La star des plateaux télé, le polémiste de Saint-Germain-des-Prés, est dans l'une de ses cellules. Yoann, policier de 35 ans, ne revient toujours pas de la scène surréaliste à laquelle il a assisté. « On nous a signalé une entrée par effraction au Panthéon. On nous a dit que l'individu était "un type mal coiffé avec une chemise blanche qui ne cache que son nombril". On a tout de suite pensé à un patient en psychiatrie. Eh non, c'était BHL ! »

L'agent, encore sous le choc, continue son récit. « Quand on est entrés, il nous a fixés sans sourciller. Il était en sueur, en train de soulever la tombe de Victor Hugo avec une pelle. Il avait déjà un pied dedans ! Il criait : "Maudit soit le pays qui ne m'a pas encore inhumé ! Je suis le plus grand intellectuel que le monde ait jamais connu !" Franchement, j'en ai vu des trucs glauques dans ma carrière, mais jamais comme ça », continue-t-il, nerveux, en frottant ses mains moites.

Selon Yoann, dans sa cellule, le philosophe n'a réclamé qu'une chose. « Pas un livre, un carnet ou un stylo… Non, il a demandé un miroir ! Pour des raisons de sécurité, on l'a placé hors de sa cellule, mais devant sa porte. Et depuis 24 heures, il s'admire et déclame des trucs incompréhensibles. » En tendant l'oreille, au bout d'un couloir, on a pu entendre BHL hurler : « Je suis meilleur que Rousseau, Zola, Simone Veil et Malraux réunis ! Vive moi ! Je t'aime Bernard ! »

À QUELQUES HEURES DE LA CLÔTURE DU MERCATO, LE FC KABOUL PEINE TOUJOURS À ATTIRER DES JOUEURS

Le FC Kaboul bénéficie d'installations modernes qui n'ont rien à envier aux plus grands clubs européens et d'une capacité salariale très alléchante. Malgré de nombreux efforts financiers, aucun joueur n'a souhaité le rejoindre. « C'est une situation inexplicable, le mercato va fermer ses portes et on n'a essuyé que des refus », nous confie l'un des recruteurs, un peu gêné par la kalachnikov d'un taliban pointée vers son visage.

Du côté de la direction, c'est la même incompréhension. « Bon d'accord, la situation politique n'est pas des plus stables. Mais honnêtement, vous préférez gagner 200 000 euros par mois et vivre avec des talibans, ou gagner 50 000 et jouer à Clermont Foot, et devoir vivre à Clermont-Ferrand ? » nous demande le président tout en se faisant fouetter par deux hommes cagoulés.

Société

Anne Hidalgo demande aux cyclistes de ne pas dépasser les automobilistes pour éviter de les humilier

Face à la grogne des automobilistes contraints de rouler au pas dans la capitale, Anne Hidalgo a encouragé les deux-roues à rouler plus lentement pour ne pas les humilier et éviter qu'ils perdent confiance en eux.

« Les automobilistes sont fragiles, ils peuvent rapidement se sentir blessés dans leur virilité s'ils sont dépassés. Certains sombrent dans la dépression ou sont victimes de dysfonctionnements érectiles après avoir été doublés par une trottinette électrique ou un couple en rollers, explique la maire de Paris dans un bref communiqué. Laisser passer une voiture, c'est redonner confiance à un automobiliste. »

Le site de la mairie a ainsi dispensé quelques conseils pour aider les automobilistes à mieux vivre cette nouvelle limitation de vitesse. « Les cyclistes peuvent faire semblant de tomber à un feu rouge pour redonner le sourire aux chauffeurs ou rouler à côté des taxis pour leur permettre de les insulter plus facilement. C'est des petites choses toutes bêtes qui font la différence et facilitent la vie sur la route. »

Vers un retour des pare-buffles ?

Pas sûre que ces mesures suffisent pour autant à tempérer la colère des automobilistes. À l'heure actuelle, nombre d'entre eux réclament le retour de la limitation de vitesse à 50 km/h, le retrait des pistes cyclables et la possibilité d'équiper leur véhicule de pare-buffles pour renverser les livreurs Deliveroo dans les grandes villes.

TOKYO 2021 – UN NAGEUR RUSSE DISQUALIFIÉ APRÈS LA DÉCOUVERTE DE BRANCHIES DERRIÈRE SES OREILLES

En pleine olympiade, le dopage russe fait à nouveau parler de lui après qu'un contrôle a révélé la présence de branchies sur le vainqueur de l'épreuve du 10 kilomètres en nage libre.

Alekseï Ovetchkine, médaille d'or dans l'épreuve du 10 kilomètres en nage libre, a finalement été déclassé après la découverte de branchies lui permettant de respirer sous l'eau. Un manquement au règlement de la Fédération internationale de natation qui interdit depuis 2014 aux fédérations d'aligner des poissons en compétition officielle.

Plusieurs de ses concurrents avaient exprimé des doutes suite à la victoire du nageur russe, arrivé avec plus de vingt minutes d'avance sur ses adversaires du jour. « Je ne veux pas remettre en question sa performance, mais je trouve quand même étrange qu'il ne soit pas remonté une seule fois à la surface pour respirer », a déclaré l'entraîneur de l'équipe de France après la course.

Interrogé au micro de la télévision japonaise, l'entraîneur russe a nié les accusations de dopage. « Kh, kh, kh, kh, kh, kh, kh, kh, kh, kh, kh ! », a-t-il lancé avant de plonger dans l'eau en effectuant un salto avant.

SEPTEMBRE
2021

Au-delà du périphérique

La police découvre 2 500 écrans plats au domicile d'une famille qui touchait l'allocation rentrée scolaire

Brest – Beau coup pour la police qui a mis la main sur près de 2 500 écrans plats achetés par une famille grâce à l'allocation rentrée.

« Avec cet argent, ils achetaient tous les écrans plats de la région. On ne trouvait plus un écran plat en vente entre Brest et Nantes », commente un brigadier. C'est un voisin, étonné de voir une pile de cartons d'écrans plats dans le jardin de cette famille pourtant modeste, qui a donné l'alerte. « J'ai eu des doutes quand j'ai vu vingt camions s'arrêter devant chez eux par jour et ces cartons en descendre. Étrangement, chaque année, c'était au mois de septembre », déclare le courageux dénonciateur qui sera reçu par la préfecture cet après-midi et décoré de la Légion d'honneur.

Le père de famille a de son côté reconnu sa pleine responsabilité dans ce trafic qui inondait le marché noir d'écrans plats depuis des mois. « Au début, on en achetait deux ou trois à chaque rentrée, puis ça a été l'engrenage. À la fin, on en achetait par dizaines. On ne pouvait plus s'arrêter. C'était devenu comme une drogue », a-t-il confessé, honteux, devant le juge. L'homme dormira ce soir en prison, sa demande d'avoir un carton d'écran plat pour lui tenir compagnie n'a pas été acceptée.

La police invite en outre les autres familles ayant acheté des écrans plats avec l'allocation rentrée scolaire à se faire connaître et promet « mansuétude et peines raisonnables ».Une brigade spéciale sera par ailleurs lancée en fin de mois et effectuera des contrôles inopinés dans tous les foyers concernés, en plus de tenir un inventaire d'écrans plats recensés dans chaque département. L'achat de ces écrans sera de plus réservé aux personnes justifiant d'une rente annuelle ou d'un salaire de plus de 40 000 euros par an.

JEAN-MICHEL BLANQUER AFFIRME QUE L'ALLOCATION RENTRÉE SCOLAIRE SERT À ALIMENTER DES COMPTES OFFSHORE

Loin d'éteindre la polémique, le ministre de l'Éducation nationale affirme dans un entretien au *Parisien* que l'allocation rentrée scolaire servirait à alimenter des financements occultes au travers de comptes offshore dans des paradis fiscaux.

« Je ne dis pas que tout le monde utilise l'allocation rentrée pour alimenter des comptes offshore mais cela peut exister, voire cela doit exister, et si cela existe, cela existe partout », affirme le ministre qui refuse de communiquer un lien ou une source crédible pour certifier son information, sous prétexte « que son chien l'a mangé ce matin ». Plus loin, le ministre raconte avoir lu « sur le darknet » des témoignages de familles nombreuses, en vacances aux Bahamas, venues placer l'argent de l'allocation rentrée dans des paradis fiscaux. « Quand ce n'est pas dans des paradis fiscaux, cet argent est blanchi en cryptomonnaies et alimente le commerce souterrain de la drogue dans les quartiers nord de Marseille », s'emporte-t-il. « Qu'on me prouve qu'aucun versement de l'allocation rentrée n'a été envoyé pour financer l'arrivée des talibans à Kaboul ! » a-t-il lancé avant d'aller bouder dans son bureau du ministère.

Politique

Yannick Jadot veut remplacer la province par un immense panneau solaire

À quelques jours de la primaire écologiste, le débat fait rage entre les cinq candidats. Ce matin, Yannick Jadot s'est illustré en proposant de remplacer la province par un grand panneau photovoltaïque. Une proposition qui fait polémique.

Le candidat à la primaire Yannick Jadot l'a annoncé sur BFM TV ce matin. « Pour une énergie plus verte, il devient urgent de remplacer la province par un immense panneau solaire. » Devant la surprise des journalistes présents sur le plateau, celui-ci a précisé : « Les gens des territoires sont très sympathiques mais à un moment donné, il faut avoir le courage d'avouer qu'il n'y a pas grand-chose à faire là-bas. Autant qu'ils fassent œuvre utile. En plus, ça leur fera de l'occupation. » À la question de savoir si on ne sacrifiait pas ainsi la province pour les besoins de l'Île-de-France, le député européen a répondu : « Écoutez, je crois qu'il faut cesser la désinformation, on vit très bien sous un panneau solaire. » Puis d'ajouter : « Je n'y suis jamais allé, mais je pense qu'il y a plusieurs coins de France où il n'y a pas d'habitants. Quant à des villes comme Angoulême ou Limoges, on sait très bien que ce sont des inventions du capitalisme pour faire croire à une certaine décentralisation du pouvoir. »

Aller plus loin

Dans cette même interview, le candidat s'est dit prêt à remplacer les cathédrales par des usines de production d'hydrogène. Les réactions de ses adversaires n'ont pas tardé. Moins d'une demi-heure après sa prestation télévisée, Sandrine

Rousseau a déclaré : « C'est de la démagogie. Moi, je propose de vraies solutions, comme remplacer les centrales nucléaires par des moulins à vent et les lignes téléphoniques par des espaces verts. » Quant à Éric Piolle, il a annoncé que dès demain, il soufflerait lui-même sur les éoliennes pour améliorer leur rendement.

LES 35 EUROS D'AUGMENTATION DU SMIC SERONT ASSUJETTIS À L'IMPÔT SUR LA FORTUNE

Afin d'éviter que les bénéficiaires du SMIC ne dilapident trop vite leurs 35 euros supplémentaires au 1er octobre, le gouvernement souhaite encadrer cette augmentation.

« Cela fait beaucoup d'argent d'un coup, ces gens-là n'ont pas vraiment l'habitude », estime Bruno Le Maire, qui craint que certaines personnes n'abusent de ce versement plus élevé qu'à l'ordinaire. « Cela va bousculer le quotidien de beaucoup. Il va y avoir des dérives, des achats qui ne sont pas de première nécessité, comme de la drogue ou de la cryptomonnaie. Des gens vont péter un plomb ! » Le gouvernement souhaite que ce coup de pouce monumental soit imposé à hauteur de 300 %. « Vous imaginez, du jour au lendemain, 35 euros de plus sur leurs comptes en banque ? La pression psychologique pour résister à tout dépenser d'un coup ? » ajoute un responsable du cabinet de Jean Castex.

France

Éric Zemmour : « Il y a plus d'étrangers en France qu'à l'étranger »

Quelques jours seulement après sa rentrée politique, Éric Zemmour a fait polémique dans *Face à l'info* en déclarant que « de toute façon, il y a plus d'étrangers en France qu'à l'étranger ».

Le chroniqueur star de CNews a étayé son raisonnement. « Rien que l'an dernier, ils étaient 57 millions à Barbès ! Et en Seine-Saint-Denis, la population est constituée à 167 % d'Arabes soit quinze fois plus que l'an dernier. Les chiffres sont là, ils sont accablants ! » s'est-il emporté en secouant une feuille blanche sur laquelle était juste écrit le mot « Arabes ».

Ces propos ont rapidement fait polémique sur les réseaux sociaux, où de nombreux internautes ont apporté leur soutien au chroniqueur. « Il a raison, rien que dans mon boulot, il y a au moins sept ou huit Arabes. Ou des Mexicains, je sais plus. En tout cas, je suis sûr qu'à l'étranger, ils ont pas autant d'étrangers. Et quand je parle des étrangers, je pense bien sûr aux Arabes », s'est fendu dans un Tweet l'internaute « Zemmour 2022 ».

Une énième provocation

Cette sortie s'inscrit dans une suite de provocations remarquées du chroniqueur dont la candidature à la présidentielle se précise chaque jour un peu plus. « Il nous faut encore plusieurs signatures d'élus locaux, mais il faut chercher au bon endroit. Vous savez, il y a tellement plus d'étrangers que de patriotes dans ce pays... », a expliqué le polémiste avant de retourner à sa grille de mots fléchés sur laquelle étaient inscrits les mots « Arabes » et « grand remplacement » à chaque ligne.

L'AGENT SECRET BOB SAINT-CLAR PORTÉ DISPARU AU COURS D'UNE PÉRILLEUSE DERNIÈRE MISSION

Le porte-parole du ministère de l'Intérieur a annoncé ce jour avec tristesse que le célèbre agent secret Bob Saint-Clar était porté disparu après ce qui aurait dû être sa toute dernière mission.

«Nous avons perdu tout contact après qu'il nous a informés que l'infâme colonel Karpov était toujours vivant, suite à la disparition récente de plusieurs de nos recrues.» L'intrépide agent secret français mondialement connu avait refusé de prendre sa retraite et continuait de combattre les forces du Mal à travers le monde.

Société

Un couple décide d'avoir un bébé pour se préparer avant d'adopter un chien

Lucille et Pavel, un couple de trentenaires, souhaitent adopter un chien depuis des années sans oser passer le cap. Afin de mieux se préparer, ils ont décidé de commencer par avoir un bébé.

« Un chien, c'est quand même énormément de responsabilités, et on doit s'en occuper pendant des années et des années », explique Lucille. « On en a toujours très envie, bien sûr, mais on veut d'abord faire le test avec un bébé pour voir si on arrive au moins à le garder en vie ! poursuit-elle avec un rire naïf. C'est un peu comme un chien sauf qu'il ne faut pas passer des mois ou des années à le dresser. Et au pire, il y a toujours les services sociaux pour venir nous le prendre si on galère trop. »

« Un bébé, au bout de quelques années, il peut plus ou moins prendre soin de lui-même, alors qu'un chien, il faut tout le temps s'en occuper, et bonne chance si on veut partir en vacances ! » explique Pavel, qui, comme sa compagne, n'a jamais passé plus de quelques minutes en présence d'un enfant en bas âge. « On a un micro-ondes pour qu'il puisse se nourrir, donc ça devrait aller, tant qu'il ne met pas de métal à l'intérieur et qu'il n'oublie pas de faire des trous dans l'emballage plastique », ajoute le chef de projet qui ne se rend pas compte qu'il ira un jour en prison pour maltraitance. « Mais bon, après, je sais pas, nos amis ne nous proposent jamais de garder leurs enfants. »

Quelques jours après avoir choisi d'avoir un bébé, Lucille et Pavel sont finalement revenus sur leur décision lorsqu'ils ont appris que cela nécessiterait neuf mois de grossesse.

CENSURE MÉDIATIQUE – POURQUOI GULLI REFUSE TOUJOURS DE DONNER LA PAROLE À ÉRIC ZEMMOUR ?

La chaîne de télévision pour enfants Gulli a donné une fin de non-recevoir à la proposition de l'éditorialiste d'organiser un débat en direct avec Robert Ménard, Marine Le Pen et Bob l'éponge.

Une fois de plus, les médias décident qui a le droit de donner son avis en France sur le débat politique, et ce au mépris des envies des Français. Ainsi, la chaîne pour enfants Gulli refuse toujours de tendre le micro au futur potentiel hypothétique candidat Éric Zemmour. Celui-ci regrette un « profond sectarisme », un « manque d'ouverture du débat qui nous rappelle les heures les plus sombres de certains épisodes d'*Alvin et les Chipmunks* » et une volonté de « censure qui ne dit pas son nom ».

« On veut me faire taire. On me censure. J'en parlais hier encore sur BFM, CNews, LCI et France Info », a-t-il expliqué aux micros d'Europe 1 et de Radio Classique. « Les propriétaires de la chaîne devront s'expliquer devant les Français », a-t-il martelé sur France 2, TF1, M6 et RTL. De leur côté, les dirigeants se défendent maladroitement, affirmant qu'il « fait quand même un peu peur aux enfants. »

Politique

Mécontent de ses nouvelles croquettes, Jordan Bardella s'en prend au canapé de Marine Le Pen

Laissé plusieurs heures seul et sans surveillance dans un bureau au nouveau siège du Rassemblement national, Jordan Bardella s'en serait pris au mobilier de Marine Le Pen qui évoque une mauvaise réaction après un changement dans sa nourriture.

Canapé éventré, meubles rongés, tapisseries souillées. C'est une véritable scène de guerre qu'a découverte la candidate du Rassemblement national aux élections présidentielles au retour d'un déplacement officiel : son bureau avait été mis sens dessus dessous par Jordan Bardella.

Selon plusieurs membres de l'équipe de campagne de Marine Le Pen, la raison d'un tel déchaînement de violence s'expliquerait par le choix d'une nouvelle marque de croquettes pour nourrir Jordan Bardella. « Elle a voulu tester une marque à base de viande d'opposants politiques biélorusses alors que Jordan est habitué à de la nourriture 100 % française », a déploré l'un de ses collaborateurs mis dans la confidence, quelques minutes après la découverte du désastre.

Une enquête en cours

Si de nombreuses personnes dans l'entourage proche de Marine Le Pen confirment un changement de marque de croquettes pour expliquer le coup de sang de Jordan Bardella, d'autres avancent une tout autre version. En effet, plusieurs voisins affirment avoir aperçu Éric Zemmour

rôdant autour des bureaux du RN et urinant sur la porte en fer forgé située à l'entrée de l'immeuble pour marquer son territoire.

Un antécédent

La mésaventure n'est pas sans rappeler celle qu'avait connue Marine Le Pen en 2017, alors qu'elle avait laissé Florian Philippot seul dans une voiture en plein soleil. À l'époque, ce dernier s'en était pris aux sièges en cuir de son véhicule de fonction, provoquant plusieurs milliers d'euros de dégâts et précipitant son retour dans le refuge où il avait été recueilli.

Économie

La France annule à son tour un contrat avec l'Australie de 200 000 tonnes de boomerangs

En représailles de l'affaire des sous-marins, le gouvernement a répliqué ce matin en annulant son achat annuel de 200 000 tonnes de boomerangs. Explications.

« C'est une décision difficile mais nécessaire vu le contexte actuel. Nous trouverons d'autres fournisseurs, même si nous ne remettons pas en cause le travail des artisans australiens », a sobrement indiqué Jean-Yves Le Drian dans un communiqué.

C'est un coup de tonnerre dans le milieu des relations internationales : la France annule ce contrat qui, depuis 1983, fait que notre pays importe chaque année 200 000 tonnes de boomerangs australiens. Rappelons que ces boomerangs sont avant tout utilisés par nos forces armées partout dans le monde (ils ont joué un rôle décisif contre Daech par exemple), mais servent aussi à des fins ludiques (« pour le fun » selon les termes officiels), ou peuvent simplement s'accrocher dans des bars, à côté par exemple d'un poster de kangourou avec des gants de boxe et des lunettes de soleil.

Un partenariat fébrile

Selon Patrick O'Brian, spécialiste de l'Australie, « c'est un pari risqué pour le gouvernement Macron. Car si la France ne trouve pas rapidement un autre fournisseur, le pays pourrait se retrouver en pénurie de boomerangs d'ici un an ou deux. Prendre une telle décision avant les élections relève au mieux de l'égoïsme, au pire de l'inconscience. La France n'a ni les moyens ni le savoir-faire

nécessaire pour fabriquer elle-même ces millions de boomerangs chaque année. Il faudra alors sans doute faire appel à la Chine, mais la qualité ne sera pas la même. La France avait déjà essayé de faire fabriquer des didjeridoos en Chine en 2003, mais ce fut un échec cuisant.»

Vers une pénurie ?

Espérons donc que cette crise se tasse et que nos relations avec l'Australie redeviennent cordiales, car on ne saurait prédire l'avenir du pays si la population était privée de ces tonnes de boomerangs.

Économie

5 lieux de rêve où se reposer après avoir détourné de grosses sommes d'argent

Vous vous êtes approprié frauduleusement les fonds de quelques personnes influentes et de plusieurs grosses sociétés, et cela vous a pris toute votre énergie ? Vous méritez un lieu de repos à la hauteur de vos efforts.

1- Les îles Caïman

Situées dans la partie ouest de la mer des Caraïbes, ces îles ont le double avantage d'offrir à votre vue des paysages paradisiaques et à votre portefeuille un art consommé de l'optimisation fiscale. Mais ce n'est pas tout : grâce à quelques mesures prises par les autorités en faveur d'une plus grande transparence, l'Union européenne considère désormais qu'elles ne font plus partie des paradis fiscaux ! Bref, c'est tout bénef !

2- La ville de Levallois-Perret

Outre le charme inégalable des Hauts-de-Seine, cette petite ville est un véritable paradis pour les gens qui aiment l'argent. Quoi que vous ayez fait, votre réputation ne sera jamais entachée et vous serez toujours défendu bec et ongles par ses habitants qui sacrifient régulièrement des offrandes à Mammon en haut de la tour So Ouest, située rue d'Alsace.

3- L'hôtel Ibis de Montceau-les-Mines

Pas rococo mais propret, cet hôtel charmant dans une ville qui ne l'est pas moins vous permettra de passer totalement inaperçu. Bien malin qui pourra vous retrouver là en train de profiter d'un spa dans la baignoire en Inox de votre chambre, ou de siroter un whisky-Coca au bar avec Xavier Dupont de Ligonnès.

4- La housse de violoncelle dans laquelle s'est évadé Carlos Ghosn

Là encore, vous serez en sécurité et pourrez profiter à votre aise de votre nouveau statut de super riche. Non seulement cette housse a une forte valeur symbolique et vous fera ainsi entrer dans la famille des très grands, mais elle est en outre extrêmement spacieuse et idéalement élargie par le milliardaire.

5- Le cerveau de Jérôme Cahuzac

Il n'y a pas plus reposant que cet endroit dans lequel vous vous sentirez à la fois à l'abri de la police et totalement innocent. Aucun sentiment de culpabilité, vous êtes ici dans votre bon droit : celui qui consiste à écraser les autres pour s'élever. Un sentiment grisant de domination et de toute-puissance vous envahira. Peut-on décemment demander autre chose à la vie ?

OCTOBRE 2021

Politique

Présidentielle – Un premier sondage place le candidat Cthulhu au second tour

Coup de tonnerre suite à la confirmation de la montée en puissance du Grand Ancien, même s'il ne s'est pas encore officiellement déclaré candidat.

La première victime de la percée surprise du Grand Ancien est le Rassemblement national, qui, bien qu'ayant fait campagne autour de la diabolisation de l'immigration et des étrangers, doit désormais se renouveler. « Cthulhu est très malin car au lieu de parler simplement de diabolisation, il n'hésite pas à évoquer ouvertement la damnation éternelle, voire la possession démoniaque d'autrui, ce qui est complètement nouveau », souligne un expert qui affirme qu'on est loin d'avoir tout vu. « Peu à peu, le Grand Ancien prend mentalement et psychiquement le contrôle sur les masses. C'est du jamais-vu depuis R'lyeh, personne ne pourra résister à son Avènement ni à sa Toute-Puissance cosmique. »

Pour d'autres, le sondage reflète le choix des Français qui, lassés des promesses non tenues, sont désormais prêts à accepter d'être dirigés par une entité ouvertement démoniaque qui avalera leur âme et détruira leur santé mentale en les tourmentant de mille terreurs. « Bah franchement, par rapport à maintenant, je me dis, pourquoi pas. Il n'y a que ça qu'on n'a pas encore essayé », constate laconiquement un jeune homme qui dit qu'il votera pour Cthulhu au premier tour.

Face à lui, les autres candidats sont pris au dépourvu. Ainsi, Xavier Bertrand, en difficulté dans les sondages, pourrait annoncer le ralliement surprise du démon mésopotamien Pazuzu. « Les discussions sont très avancées, un ticket Bertrand-Pazuzu peut changer la donne dans l'esprit des Français », estiment les analystes. Quant au candidat écologiste, il aurait engagé des pourparlers avec Gozer le Destructeur.

MEDIAPART RÉVÈLE QU'ÉRIC ZEMMOUR AURAIT MANGÉ UN TAJINE AU POULET EN 2013

Éric Zemmour n'en finit plus de faire parler de lui. Hier, une enquête Mediapart révélait que le célèbre polémiste aurait partagé un tajine au poulet avec Éric Naulleau en 2013, dans la brasserie Chez Omar, située dans le XIIIe arrondissement.

Interrogé ce matin sur le plateau de Sud Radio au sujet du « Tajine Gate », Éric Zemmour a balayé les faits d'un revers de main, expliquant que le tajine était en réalité un plat popularisé par Charlemagne. Lorsqu'un journaliste a rappelé qu'il s'agissait d'une recette berbère, l'ancienne star de *Face à l'info* se serait contentée de hausser les épaules en répétant : « Ben voyons ! Le tajine, un plat arabe ! Ben voyons ! »

Que la polémique inquiète ou non le presque candidat, elle a semé le doute parmi ses fidèles qui ne voient pas d'un bon œil le fait que leur idole goûte « le plat de l'envahisseur ». « Que les faits soient anciens ou non, ça la fout mal. C'est comme si on voyait Taubira manger un bœuf de Kobé ou José Bové commander un Big Mac. J'adore le Z mais sur ce coup, il a déconné… », concède un internaute sur Twitter.

Économie

Fact-check : les multinationales recherchent-elles vraiment le profit ?

Cette question a été posée à plusieurs reprises cette semaine par nos lecteurs. L'occasion de tordre le cou à la désinformation et à des idées reçues qui ont la vie dure.

Tout d'abord, il convient de rappeler que ce que l'on appelle communément une « multinationale » est une entreprise active et implantée dans plusieurs pays grâce aux filiales qu'elle détient. La multinationale est donc avant tout une entreprise citoyenne du monde, ouverte sur les autres, qui résiste au repli sur soi et célèbre les différences dans le respect de la personne, toutes opinions mises à part. Ensuite, n'oublions pas que le terme désigne généralement de grands groupes, mais qu'il peut aussi concerner des petites ou moyennes entreprises voire des structures familiales comme Carrefour, Danone ou Amazon.

En outre, si les multinationales ont très souvent mauvaise presse, c'est en grande partie à cause du profit qu'elles génèrent. Or ces reproches empreints de jalousie omettent volontiers de préciser que si les bénéfices de ces grandes entreprises sont importants, ils servent principalement à favoriser le ruissellement. On sous-estime également à dessein les belles valeurs que transmettent ces entreprises, notamment l'amour de son prochain, du moment qu'il est actionnaire. Enfin, on aurait tort de ne pas insister sur le fait que les plans de licenciements mis en place par les multinationales, lesquels sont très souvent montrés du doigt, représentent surtout un moyen d'assurer une meilleure flexibilité du marché du travail.

Bref, pour répondre à la question initiale, on peut certes dire que les multinationales ne sont pas opposées à une certaine forme de profit mais ce n'est absolument pas ce qu'elles recherchent en priorité, loin de là.

L'ÎLE AUX ENFANTS INTERDIT À SON TOUR SON ESPACE AÉRIEN AUX AVIONS MILITAIRES FRANÇAIS

Nouvelle escalade dans la dégradation des relations diplomatiques entre les deux pays autrefois amis, avec l'interdiction faite aux avions militaires français de traverser l'espace aérien de l'Île aux enfants.

Le Premier ministre Hippolyte a fait cette déclaration tôt ce matin à l'issue d'un Conseil des ministres, affirmant que l'Île aux enfants «défendrait par tous les moyens sa souveraineté». L'État a ainsi rejeté les critiques formulées par l'ambassadeur de France qui estimait que l'île n'était désormais visitée ou connue que «des boomers des années 1960 et 1970». «Le personnage de notre grand leader Casimir reste une figure charismatique qui incarne encore pour des millions de personnes le bonheur, la joie et l'insouciance de l'enfance. Nous ne nous laisserons pas réduire à ce genre de caricatures», avait pour sa part répliqué l'ambassadeur de l'Île aux enfants lors d'un dîner au Quai d'Orsay, dîner qui s'était terminé en incident diplomatique après que Jean-Yves Le Drian a refusé de manger sa part de gloubi-boulga.

Économie

Pour s'évader de son quotidien, un employé de la Défense met un fond d'écran de la City

Pour mettre un peu de piquant dans sa vie de bureau, Romain March, *sales manager* chez Total, a opté pour un nouvel économiseur d'écran sur son Desktop : une photographie du parvis luisant de la City, dominé par des gratte-ciel rutilants. De quoi s'évader quelques minutes d'un quotidien stressant.

« Franchement ça claque, non ? », s'enthousiasme-t-il avec un sourire goguenard en augmentant la luminosité de l'écran. « Au début, j'hésitais avec un fond d'écran de Wall Street ou de Singapour mais la City, c'est quand même plus exotique. Et comme il pleut sur la photo, ça me rappelle qu'on n'est pas si mal ici, à la Défense », plaisante-t-il avant d'être rappelé à l'ordre par son N+1 qui lui demande d'enlever ses pieds de son bureau.

Cultivant une personnalité rêveuse et créative, Romain n'est jamais à court d'idées pour s'aérer l'esprit. « La semaine dernière, j'ai acheté ce superbe calendrier du Luxembourg ! Y a une photo canon de leurs quartiers d'affaires pour chaque mois de l'année ! Mais ce que je préfère, ça reste ma collection de boules à neige des plus beaux paradis fiscaux. Ma préférée, c'est celle de Zurich dédicacée par Warren Buffett. »

« Je sais bien que certains trouvent ma déco de bureau trop fantaisiste, mais ce n'est pas parce qu'on bosse à la Défense qu'on ne peut pas rester quelqu'un d'un peu "déconne", non ? Pardon d'avoir une personnalité ! » s'amuse-t-il avant de nous montrer son nouvel accessoire : une cravate aux motifs de la devise euro.

« J'ai rendez-vous avec les Anglais cet après-midi, j'ai hâte de voir leurs têtes ! » ajoute-t-il, hilare.

JEAN-MICHEL BLANQUER : « LE WOKISME EST RESPONSABLE DE LA HAUSSE DES PRIX DE L'ÉNERGIE, DES PÉNURIES ET DES FERMETURES DE LITS DANS LES HÔPITAUX »

« Il nous faut un Grenelle du wokisme pour bien comprendre toutes les conséquences de cette doctrine terrifiante au quotidien » a-t-il ajouté. Mais Jean-Michel Blanquer va plus loin et affirme: « Chaque jour, le wokisme fait de nouvelles victimes. Ainsi, si le dernier livre de Marlène Schiappa ne s'est pas du tout vendu, c'est à cause du wokisme qui a secrètement comploté pour ne pas acheter le livre » souligne-t-il.

Selon lui, la hausse des prix de l'énergie est aussi liée à ce courant de pensée, tout comme le retard de livraison des nouvelles rames du RER D. « Si le wokisme n'avait pas été là, ces rames seraient arrivées dans les temps. C'est la preuve évidente que le wokisme a infiltré les usines et les chaînes d'assemblage pour forcer les gens à utiliser le vélo au lieu du train. »

Autre conséquence du wokisme: la fermeture de lits dans les hôpitaux. « Tout est lié. D'ailleurs, ce matin, j'ai marché sur un Lego. Croyez-le ou pas mais je suis persuadé que c'était la faute au wokisme » assène-t-il en tenant rageusement dans la main la petite pièce de plastique colorée.

Société

Il adaptait ses convictions politiques en fonction des gens avec qui il dînait

Thomas Rouan, rédacteur free-lance dans la région parisienne, a trouvé la parade pour passer d'agréables soirées entre amis. À six mois de l'élection présidentielle, le jeune homme de 31 ans a pris le parti d'épouser spontanément les convictions politiques des autres convives pour être aimé et ne pas créer de vagues.

« C'est un peu comme quand le chauffeur de taxi est raciste, je hoche la tête en silence et je répète "ne m'en parlez pas", c'est plus simple », explique-t-il en épinglant un badge EELV à son blouson avant de rejoindre un groupe d'amis intermittents du spectacle. « J'ai pris une bouteille de vin biodynamique et j'ai révisé quelques citations de Sandrine Rousseau, j'espère que ça suffira », confie-t-il, fébrile, en composant le digicode.

Un mode de vie éreintant pour celui qui vient d'une famille bourgeoise traditionnellement ancrée à droite. « Hier, j'ai passé le déjeuner à insulter Anne Hidalgo, j'ai dit "Annie Dingo", ça fait rire mon père… Mais demain, au boulot, il faudra que je me souvienne que je suis plutôt pour les 30 km/h dans Paris. Je travaille avec des jeunes qui n'ont pas encore de voiture », se justifie-t-il en surlignant une fiche bristol sur laquelle il a cartographié les orientations de chacun.

Et de conclure : « Le plus dur, c'est quand je me retrouve à dîner deux fois avec la même personne dans des groupes différents. Le pire serait que quelqu'un me demande mon avis, ce serait un véritable cauchemar. »

MOZAMBIQUE : AH NON, FINALEMENT, ON NE CONNAÎT RIEN SUR CE PAYS, DÉSOLÉ

Une ville quelconque, au Mozambique. La situation se complique, ou en tout cas c'est ce qu'on nous a dit, mais finalement on ne connaît strictement rien sur ce pays.

La tension ne cesse pas dans ce pays africain – enfin, on est presque sûrs que c'est en Afrique, mais ne nous faites pas trop confiance là-dessus – et on aimerait beaucoup vous en parler, si ce n'est qu'on vient seulement d'apprendre l'existence de la Mozambique ce matin. Mais honnêtement, pouvez-vous vraiment nous en vouloir ? Il y a, semble-t-il, plus d'une cinquantaine de pays en Afrique ! Par contre, on aime beaucoup le Maroc et le Sénégal (la rédaction y a de la famille, et les gens y sont tellement chaleureux), et il paraît que l'Afrique du Sud est tout à fait pittoresque.

Nous considérons bien sûr que nous avons la responsabilité de vous informer sur les sujets d'importance et les grands problèmes contemporains, et franchement, on a presque essayé. On avait écrit tout un article en tentant d'être en mode « journalisme d'investigation », jusqu'à ce qu'on se rende compte qu'on avait confondu la Mozambique avec le Puy-du-Fou. Nous présentons nos sincères excuses à nos lecteurs et aux citoyens mozambiquois (nous ne sommes pas sûrs du gentilé), qui, selon ce que nous semblons comprendre, sont actuellement dans un gros pétrin.

Société

Son temps d'écran a triplé depuis qu'elle a accepté les notifications concernant son temps d'écran

Depuis qu'elle a activé les notifications hebdomadaires de son iPhone concernant son temps d'écran, Juliette Pérolle a eu la désagréable surprise de constater que celui-ci avait presque triplé au cours du dernier mois.

« En voyant que je passais 4 heures et 56 minutes par jour sur mon téléphone, j'ai commencé à scroller pour trouver des solutions à cette addiction. Mais chaque site me recommandait de nouveaux liens et des vidéos à regarder pour passer moins de temps dessus... Résultat : la semaine suivante, Apple me disait que mon temps d'écran avait augmenté de 200 % », explique-t-elle.

Face à cette augmentation alarmante de temps d'écran, le téléphone de Juliette a commencé à lui envoyer des notifications de plus en plus fréquentes pour lui rappeler de prendre le temps de se déconnecter régulièrement. « Il n'y a pas longtemps, j'ai réussi à le laisser une heure dans le tiroir de ma commode et il a commencé à m'envoyer des messages pour me féliciter d'avoir diminué mon temps d'écran... Du coup, j'ai posté une capture d'écran sur Instagram et j'ai scrollé 3 heures ensuite pour compter les likes... »

Aux grands maux, les grands moyens, Juliette a acheté le best-seller *La Civilisation du poisson rouge* pour ne plus être esclave de son smartphone. « J'ai pas réussi à me concentrer, j'ai lâché au bout de deux pages. C'est super rasoir, comme bouquin », nous confie-t-elle avant de sortir son téléphone pour écrire une critique sur Babelio.

EN BAISSE DANS LES SONDAGES, ANNE HIDALGO PROPOSE UNE ALLIANCE À JACQUES CHEMINADE

La maire de Paris souhaite donner un nouvel élan spatial à sa campagne et « éviter les clivages inutiles ».

« Nous avons beaucoup de points communs avec Jacques Cheminade », a-t-elle déclaré ce matin au micro d'Europe 1, assurant ainsi avoir, par exemple, « acheté un télescope en 2007 pour son loisir et être abonnée à la revue *Ciel et Espace* ». Elle précise en outre posséder une appli lui permettant d'observer les cieux et de connaître une bonne partie des noms des étoiles qui composent la Voie lactée. « Il faut une dynamique pour cette campagne, c'est pour cela que je propose à M. Cheminade de rejoindre le pôle Espace et Territoires de notre campagne », a-t-elle déclaré, soulignant que cette alliance préfigure de grands espoirs pour la gauche, par-delà même la Terre et le système solaire. L'une des premières décisions majeures de son mandat serait ainsi la création de la première piste cyclable Terre-Lune, pour un tourisme spatial résolument « doux ».

Politique

Pour tenter de contrer Zemmour dans les médias, Yannick Jadot abat deux éléphants

Face à l'éditorialiste, les candidats déclarés à la présidentielle peinent de plus en plus à exister médiatiquement. Pour faire parler de lui, Yannick Jadot n'a donc pas hésité à tuer deux éléphants.

« Haha, alors on a les chocottes les gonzesses, on fait les tafioles ? Et toi, le caméraman, qu'est-ce que t'as, t'as peur de mon fusil, on t'a jamais mis en joue, trouillard ? » a provoqué dans une vidéo le candidat écologiste à la présidentielle, le pied fièrement posé sur deux éléphants d'Afrique qu'il avait préalablement abattus. Publiée sur YouTube et déjà visionnée plus d'un million de fois, la vidéo a évidemment créé un tollé sur Twitter, tant sur le fond que sur la forme, et a fini par éclipser celle de Zemmour.

« Si j'ai voulu choquer, c'est pour mieux sensibiliser mes concitoyens à la cause animale mais aussi à la nécessité d'employer un langage inclusif et non discriminant », s'est défendu Yannick Jadot, expliquant que dans la société actuelle, et *a fortiori* pendant la campagne présidentielle, c'était « le seul moyen d'être entendu ». Il a ensuite ajouté : « Vous avez jamais suivi la politique ou quoi, bande de baltringues ? »

Un candidat déterminé

Bien décidé à « tout faire pour gagner », le candidat écologiste réfléchirait, selon ses conseillers, à escalader une éolienne à mains nues ou encore à rouler sur les pistes cyclables de Paris en 4×4 diesel, à moins qu'il ne lance du maïs transgénique et de la viande rouge non bio sur Emmanuel Macron pour «refaire le buzz».

Source d'inspiration

La stratégie de Yannick Jadot a d'ores et déjà fait des émules. Selon plusieurs sources contradictoires, Arnaud Montebourg projetterait de manger McDo jusqu'au premier tour du scrutin et Nicolas Dupont-Aignan serait sur le point de traverser la Manche à la nage dans l'espoir de sauver des migrants.

Quant à Michel Barnier, il envisagerait de plastifier le Parlement européen dans la nuit de samedi à dimanche.

NOVEMBRE 2021

Sciences

La COP 26 s'engage à recycler les promesses des autres COP

C'est un accord sans précédent qui a clôturé aujourd'hui la COP 26 : les États se sont en effet engagés à recycler toutes les promesses des COP précédentes.

« C'est une immense victoire pour l'écologie. Aucune nouvelle promesse ne viendra polluer cette COP placée sous le signe du "zéro déchet" », a déclaré l'ancien secrétaire d'État aux Affaires, à l'Énergie et à la Stratégie industrielle Alok Sharma, à l'issue de la COP 26, après deux semaines de négociations ardues entre les États. En plus de s'engager à recycler toutes les promesses des autres COP, la COP 26 a en effet promis d'utiliser les mêmes feuilles et la même encre, se contentant de changer les dates figurant sur les précédents documents. Elle s'est également engagée à ne pas consommer les promesses trop vite et à faire en sorte que celles-ci soient durables et renouvelables. Ainsi, pendant au moins dix ans, les COP suivantes ne pourront pas élaborer de nouveaux projets coûteux pour l'environnement.

Une COP exemplaire

En ce qui concerne les émissions de gaz à effet de serre et la gestion des déchets, notamment le plastique, les dirigeants ont préféré botter en touche. « On ne peut pas tout traiter en même temps, au risque d'être inefficaces », a justifié Emmanuel Macron. D'autant que la COP a été exemplaire de ce point de vue-là.

« Nous avons également veillé à utiliser les mêmes éléments de langage que d'habitude et à recycler une grande partie des déclarations démagogiques des années précédentes », s'est félicitée Barbara Pompili, la ministre de la Transition écologique.

Pour donner des gages concrets de l'engagement du gouvernement, Emmanuel

Macron a d'ores et déjà promis d'organiser « un grand débat sur l'environnement à horizon 2030 ». En attendant, un numéro vert a été mis en place par Jean Castex.

INQUIÉTUDE APRÈS QUE LE GOUVERNEMENT A PROPOSÉ UNE IDÉE QUI NE SOIT PAS UN ÉNIÈME NUMÉRO VERT

« Je ne sais pas quoi faire, je suis pris au dépourvu, jamais je pensais que le gouvernement en viendrait à ce genre d'extrémités » explique un ministre sous couvert d'anonymat. Hier, à la surprise générale, Jean Castex a énuméré une série de mesures gouvernementales et aucune d'entre elles n'était un numéro vert. « D'ordinaire, on lance un numéro vert, c'est toujours la procédure, je ne sais pas ce qui est passé par la tête de Jean Castex. Mais c'est un mauvais signe pour l'électorat si le gouvernement se met à faire des trucs constructifs » commente un expert.

De son côté, le gouvernement a défendu un projet qui ne passera pas non plus par la création d'un énième comité ministériel ou d'une commission. « C'est insensé, pas de numéro vert, pas de commission, mais qu'est-ce que ça va être après ? Des ministres qui vont devoir rendre des comptes ? Mais quelle anarchie » s'est énervé Pascal Praud sur CNews.

Sciences

La police saisit 500 kilos de cocaïne martienne dans la capsule de Thomas Pesquet

Alors que l'astronaute venait de se poser sur Terre, la douane américaine a fait une étonnante découverte dans la capsule SpaceX, avec une saisie record de près de 500 kilos de cocaïne martienne.

Selon les enquêteurs, la drogue était dissimulée dans les doublures de la capsule spatiale. « Tout porte à croire qu'il s'agit d'un trafic martien très élaboré. Les responsables n'en sont pas à leur coup d'essai », a souligné un enquêteur qui soupçonne même l'astronaute français d'être à la tête d'un réseau sophistiqué, lequel agirait pour le compte d'un des plus gros cartels martiens connu sous le nom d'« El Spacemano ».

Une technique bien huilée

« La drogue était placée dans des astéroïdes creux qui étaient ensuite réceptionnés lors des sorties extravéhiculaires », explique une source proche de l'enquête. Le personnel de la Station spatiale internationale avait des soupçons depuis plusieurs mois quant à, notamment, l'insistance de Thomas Pesquet à revenir sur la Station et à réaliser seul les sorties extérieures.

Lanceurs spatiaux et rovers martiens flambant neufs

De son côté, Thomas Pesquet clame son innocence et affirme au contraire être victime d'un coup monté : la drogue martienne aurait été placée sous son siège à son insu. Cependant, il devra expliquer les changements récents dans son train de vie. La police aurait ainsi retrouvé à son domicile plusieurs lanceurs spatiaux et deux rovers martiens flambant neufs. « Des cadeaux d'amis », s'est-il justifié. Les enquêteurs espèrent désormais remonter à la source de ce juteux trafic en envoyant la première équipe d'enquêteurs sur le sol martien à l'horizon 2030.

EMMANUEL MACRON RÉVÈLE À LA PRESSE LA PLAYLIST SPOTIFY DU PREMIER MINISTRE AUSTRALIEN

Après les révélations par la presse australienne d'un SMS envoyé par le président français, Emmanuel Macron a décidé de contre-attaquer en révélant le contenu de la playlist Spotify du Premier ministre australien, Scott Morrison.

Première révélation de taille, celle-ci ne contiendrait absolument aucun morceau de la chanteuse Kylie Minogue. « Regardez, il n'y a rien d'intéressant. C'est désagréable, c'est juste une insulte à la musique », a ainsi commenté le président français en dévoilant le contenu de la playlist de Scott Morrison. « Chaque fois qu'on a une rencontre officielle, il m'oblige à écouter Natalie Imbruglia, au point que ça me donne des plaques d'urticaire, maintenant, quand ça passe à la radio », s'est lamenté le président français. « Franchement, moi je suis très courtois, je ne dis rien, mais essayez de négocier des contrats importants ou d'échanger sur l'influence de la Chine en Océanie quand quelqu'un vous oblige à écouter Sia en boucle ! »

Au-delà du périphérique

Un chasseur mordu par un randonneur qui l'avait confondu avec sa barre énergétique

Landes – L'homme qui participait à une battue au sanglier sur la commune de Montfort-en-Chalosse dans les Landes s'est vu prescrire une ITT de quatre jours suite à un accident impliquant un randonneur.

Une enquête pour blessures involontaires a été ouverte suite à un incident survenu dimanche matin, en plein cœur de la forêt landaise. La victime, un chasseur qui participait à une battue, affirme avoir été mordue plusieurs fois au mollet pendant qu'elle traquait le gibier. Secouru par ses compagnons de chasse, l'homme a pu regagner son domicile après avoir passé quelques heures en observation à l'hôpital de Dax.

Selon les premiers éléments de l'enquête, les soupçons se sont rapidement tournés vers un groupe de promeneurs qui circulait à proximité du chasseur au moment des faits. Interrogé par la police, un des randonneurs, en état de choc après l'accident, affirme avoir confondu le chasseur avec la barre énergétique goût pomme-rumsteck qu'il a l'habitude de consommer pendant l'effort.

Cet incident survient alors que la question de l'interdiction des randonnées en forêt aux heures de repas anime les débats dans de nombreuses régions. Déjà, la semaine dernière, un incident avait marqué les esprits : le participant d'un trail était soupçonné d'avoir dévoré plusieurs membres d'une chasse à courre. Le président de la fédération d'athlétisme a depuis présenté ses excuses, estimant que « le risque zéro de morsures perdues n'existe pas ».

LA CAMPAGNE ÉLECTORALE D'ANNE HIDALGO RELANCÉE APRÈS UN COMMENTAIRE POSITIF POSTÉ SUR FACEBOOK

C'est l'euphorie dans le camp de la maire de Paris. Un commentaire positif a été posté sur la page Facebook de la candidate, ce qui laisse penser que l'équilibre des forces est en train de se renverser en sa faveur.

« C'est inespéré ! C'est exactement le genre de nouvelles qu'on attendait depuis des semaines. Les militants socialistes sont rassurés sur la marche à suivre », commente l'état-major d'Anne Hidalgo. Selon des sources contradictoires, le commentaire incriminé serait cependant laconique et se bornerait à noter qu'une vidéo d'un déplacement de la candidate avait « une jolie musique » et un « bon montage ». « Cela valide toute notre stratégie de communication », ajoute pour sa part la responsable du pôle web du Parti socialiste qui, après ce commentaire positif, appelle à nouveau Yannick Jadot à l'union. « Combien de commentaires positifs vous faudra-t-il pour ouvrir les yeux sur l'émergence et la prépondérance d'Anne Hidalgo dans l'opinion ? »

Médias

Deux fact-checkeurs meurent d'épuisement après avoir vérifié tous les propos de Michel Onfray

Deux journalistes de la cellule de fact-checking d'un grand quotidien sont morts de fatigue hier soir, après avoir consacré leurs derniers mois à vérifier la véracité des propos de Michel Onfray. Récit.

« Je leur avais dit de ne pas se lancer là-dedans. Hélas, ils ont toujours eu le goût des défis insurmontables », se lamente un de leurs collègues, oscillant entre tristesse et indignation. « Dans la vie, il faut parfois savoir se fixer certaines limites », ajoute un autre. Le parcours des deux journalistes est un peu similaire. Justine, 32 ans, s'est engagée dans la profession quelque temps après avoir escaladé l'Everest par la face nord. Baptiste, quant à lui, venait de rentrer d'une mission de quatre mois en Afghanistan au plus près des talibans. C'est en octobre 2020 qu'ils décident ensemble de créer une section spéciale « Michel Onfray » au sein de la cellule de fact-checking, peu après que ce dernier a déclaré : « Là, on est dans une urgence, alors on bricole. On se dit bon, Covid-19, c'est qu'il y en a eu 18 précédemment. » Ils seront morts en héros en tentant désespérément de comprendre sa dernière intervention hier soir sur LCI.

La stratégie de l'enlisement

« Quand j'ai vu qu'ils ne prenaient plus de week-ends ni de vacances pour vérifier tous les propos d'Onfray sur la pandémie, je me suis inquiété et je leur ai dit de se reposer, mais ils ne m'ont pas écouté », explique leur responsable, encore sous le choc. Il faut dire que Michel Onfray, invité régulier des plateaux d'information en continu, s'attaque à tous les sujets : terrorisme, bricolage, médecine, philosophie, reproduction vivipare, curling, gymnastique aquatique, tout y passe.

Une première alerte a lieu en septembre, quand Baptiste s'endort assis sur sa chaise au bureau et y passe la nuit sans s'en rendre compte. Quant à Justine, elle est victime d'un un burn-out. Mais rien n'y fait. Un collègue confie : « Je leur ai dit de s'attaquer à des choses plus légères : la vente d'organes, la guerre au Yémen, le trafic d'enfants, mais ils étaient têtus. »

Cette tragédie n'est pas sans rappeler celle survenue en 2017 lorsqu'un journaliste avait mis fin à ses jours après avoir désespérément tenté d'isoler des propos non contradictoires d'Emmanuel Macron.

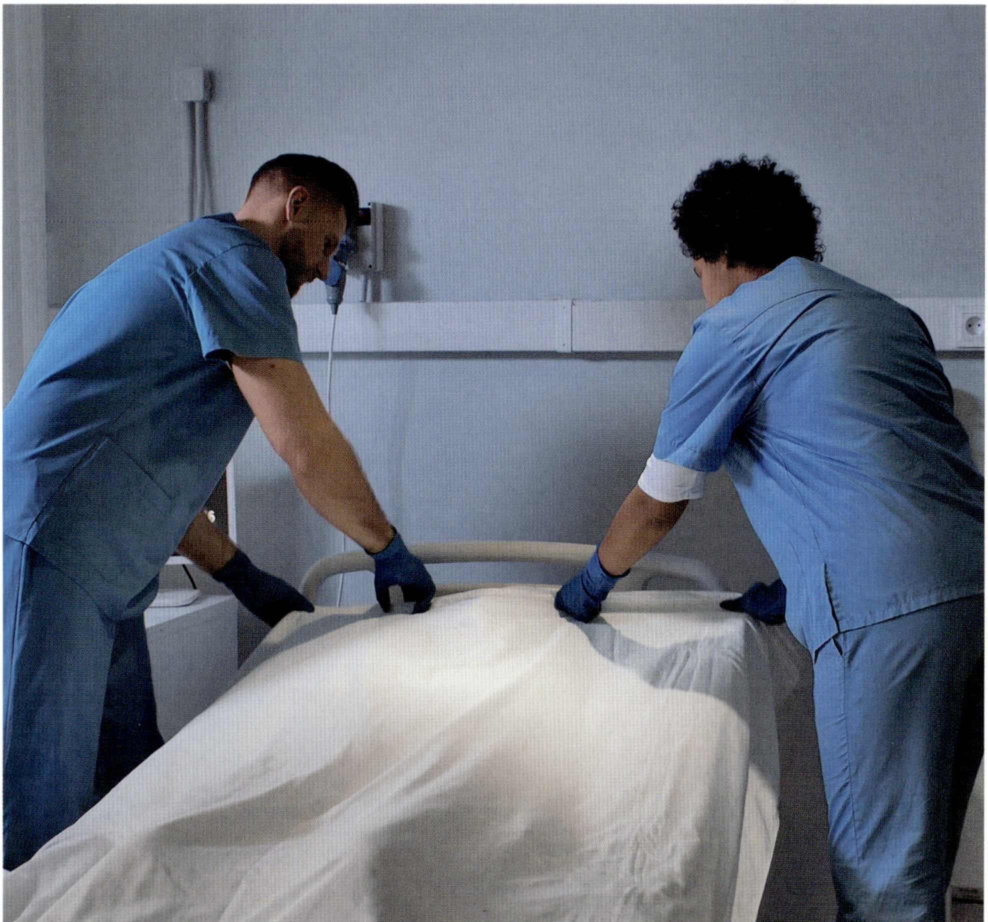

Société

Les chasseurs proposent d'organiser des battues de chômeurs

Pour renforcer les contrôles de demandeurs d'emploi, le président des chasseurs français, Willy Schraen, s'est dit prêt à aider Pôle emploi. Il suggère ainsi que les chasseurs organisent, sur les communes qui en feront la demande, des battues de chômeurs pour débusquer ceux qui ne cherchent pas activement du travail. Reportage.

« On va les trouver ceux qui se cachent et qui ne vont pas à leur rendez-vous Pôle emploi, j'vous l'dis », a tonné ainsi Willy Schraen. Le médiatique président de la Fédération nationale des chasseurs souhaite ainsi que les chiens de battue soient désormais formés à la chasse et à la traque des chômeurs longue durée. « On va habituer les chiens à remonter leur piste. On va les traquer, les trouver vite fait et dès qu'on en débusque un, on s'assure qu'il suit bien une formation ou qu'il cherche un emploi de manière active. »

À la question sur la manière dont il compte s'y prendre pour que les équipages de chasse à courre puissent identifier de façon positive un chômeur, celui-ci a simplement répondu : « Bah ils ne foutent rien de leurs journées, on leur fait renifler une paire de pantoufles. On va vite vous les trouver, vos chômeurs », a-t-il éclaté. Quant aux risques d'accidents ou de dérapage, il ajoute que c'est tout à fait marginal. « Et puis le chien, il attrape, il mord pas, on lui apprend à serrer, à ramener la proie, au pire ils auront une marque aux fesses ou aux jambes, ils vont pas pleurer non plus. »

SELON UNE ÉTUDE, LES FRANÇAIS OUI MAIS LES BELGES JAMAIS

Une nouvelle étude parue hier fait polémique. Selon celle-ci, les Français oui mais les Belges absolument pas. Explications.

Selon une étude menée par un groupe de chercheurs suédois, les Français y seraient très favorables mais les Belges pas du tout, voire jamais. Les résultats sont d'autant plus étonnants qu'il y a dix ans, une autre étude avait montré que les Français non alors que les Belges toujours. Comment expliquer un tel décalage et une telle évolution ?

Selon l'un des scientifiques ayant participé à l'étude, cette différence serait tout à fait logique ; quant à l'évolution, elle serait due à plusieurs facteurs. Mais ce point de vue est contesté par deux autres chercheurs de l'étude pour qui les explications sont à chercher ailleurs. Pour valider leur raisonnement, ils s'appuient notamment sur le fait que, pour les Allemands et les Italiens, ça dépend.

À noter également que 30 % des personnes interrogées dans cette étude ne se prononcent pas et que 80 % d'entre elles affirment avoir une bonne raison de le faire. Est-ce à dire que parmi ceux qui ont répondu, les Français le seraient plus que les Espagnols mais moins que les Russes ? À cette question, 30 % des chercheurs ont répondu peut-être mais 70 % pensent que non.

Culture

Michael Bay viré de son documentaire animalier après avoir fait exploser un hippopotame

Parc national de Matobo, Zimbabwe – Vingt-quatre heures seulement après avoir démarré son premier jour de travail sur un documentaire animalier, le réalisateur de films d'action Michael Bay a été licencié après avoir fait exploser un hippopotame.

« On me donne soi-disant une liberté créative illimitée, et ensuite on m'engueule parce que j'ai essayé d'exprimer mes émotions à travers une simple explosion par détonation », s'est plaint le réalisateur de *Bad Boys* et *Transformers* qui éprouve des difficultés à s'habituer aux lois sur la maltraitance animale. « Depuis quand est-ce interdit de déposer un peu d'octanitrocubane dans les fesses d'un éléphant et de le déchiqueter en mille morceaux ? C'est exactement à cause de ce genre de conneries politiquement correctes qu'Hollywood est en train de mourir. »

« On était enthousiastes d'avoir un réalisateur hollywoodien dans notre projet afin de sensibiliser le public à l'extinction des hippopotames, mais on aurait peut-être dû regarder ses films d'abord », a confié John Baldwin, l'un des producteurs du documentaire qui a observé la mort atroce de l'*Hippopotamus amphibius* de ses propres yeux.

« On aurait dû faire demi-tour dès qu'il s'est pointé sur le tournage avec un camion rempli d'AK-47. J'ai choisi de détourner les yeux lors de la fusillade des impalas et des phacochères, mais il faut savoir où tirer la ligne. »

Selon nos sources, Michael Bay aurait été blacklisté après avoir traumatisé des millions de téléspectateurs avec la diffusion de *Peppa Pig : Le Couloir de la mort.*

PRÉSIDENTIELLE : D'APRÈS UN NOUVEAU SONDAGE, ANNE HIDALGO CREUSE L'ÉCART AVEC JEAN LASSALLE

La campagne présidentielle n'a pas dit son dernier mot. Ainsi, si on en croit les derniers chiffres publiés, Anne Hidalgo prend le large et creuse l'écart avec Jean Lassalle.

« C'est une surprise pour beaucoup », confie un militant. « On savait qu'on prenait de l'avance, mais on pensait que l'écart resterait raisonnable, d'un ou deux points. Mais là, c'est quasi trois points, c'est énorme », ajoute un responsable de l'état-major de la maire de Paris. « Ce sont plusieurs millions d'électeurs qui se sont décidés », commente un éditorialiste qui estime qu'il ne faudra pas être étonné si la maire de Paris opère une remontée brutale, à 4,3 ou 4,5% des suffrages. Dans les milieux autorisés, on se prête à penser que « cela montre que la stratégie est la bonne et que les mauvaises langues qui pariaient sur une remontée de Jean Lassalle ou de Philippe Poutou en sont pour leurs frais ». De son côté, la candidate relativise et refuse de commencer à penser qu'il y a une vraie dynamique. « Attendons de voir le prochain sondage, nous pourrions nous retrouver au coude à coude avec Arnaud Montebourg », ajoute un autre.

Politique

Emmanuel Macron : « Je suis le seul candidat crédible capable de s'y retrouver dans le bordel que j'ai laissé »

Le président de la République a annoncé ce matin qu'il serait bien candidat à l'élection présidentielle. Il a justifié sa décision par le fait qu'il serait tout à fait impossible pour un éventuel successeur de s'y retrouver.

« Je suis le seul candidat crédible capable de s'y retrouver dans le bordel que j'ai laissé. »

C'est par ces mots que le chef de l'État a annoncé qu'il se présentait à l'élection présidentielle dans une vidéo publiée sur les réseaux sociaux. Il a aussitôt ajouté : « Attention, c'est un bordel organisé, je sais très exactement où se trouvent les choses, mais ça prendrait trop de temps de tout remettre en ordre avant le mois d'avril. » Il a ensuite évoqué son profil, rappelant à quel point la France en avait besoin : « Les autres candidats n'ont ni la flexisécurité ni l'agilité nécessaires pour s'adapter à la situation. De toute façon, j'ai classé toutes les informations dont ils auraient besoin "secret-défense", comme ça, c'est réglé. »

Envolée lyrique

Le président a ensuite totalement changé de ton pour rendre un hommage vibrant à son peuple. « Je suis le seul à pouvoir dire aux Français : “Je vous ai compris.” Je connais vos besoins, je sais que vous avez peur, l'ennemi c'est le Gilet jaune, il n'a pas de visage ! » Puis il a évoqué la pandémie : « Psychologiquement, le changement serait trop brutal pour mes compatriotes, je les ai tellement habitués à vivre dans la peur. Que vont-ils devenir sans Jean Castex et Olivier Véran ? Je ne peux pas les laisser orphelins. »

Une candidature jupitérienne

Enfin, il a conclu sa tirade en rappelant qu'il était « le président de l'ordre mais aussi du social » : « Qui à part moi peut comprendre la réforme de l'assurance retraite ? Que deviendra le plein-emploi si je ne suis plus là pour faire disparaître des radars les chômeurs ? Vive la République, vive Jupiter ! »

DÉCEMBRE 2021

Société

Sur son lit de mort, il se dit qu'il a vraiment bien bossé pour son entreprise

Patrice Riquet, 49 ans, est tombé par accident du 37e étage d'une tour de la Défense. Par miracle, il n'est pas mort sur le coup et a pu être transporté à l'hôpital où il pourra décéder sans laisser de taches disgracieuses sur la chaussée. Sur son lit de mort, il fait le bilan de sa vie et se réjouit d'avoir consacré autant de temps à PLASTIC+, la société qui l'emploie. Nous avons recueilli son témoignage.

« Voilà, c'est la fin... », constate Patrice alors que l'infirmière lui demande s'il en a encore pour longtemps parce que l'hôpital a besoin du lit. « Quand je fais le bilan... Je me dis que j'ai vraiment bien bossé. Quand je suis arrivé à PLASTIC+, la société démarrait à peine. L'emballage plastique personnalisé, personne n'y croyait. Ça n'a pas toujours été facile, mais je me suis donné à fond. Et avec le recul, je ne regrette absolument pas d'avoir participé à ces réunions jusqu'à 22 heures, d'avoir bossé comme un dingue le week-end pour rendre les dossiers à temps, ni de m'être tapé ces milliers d'heures de bouchons sur l'A86. Parce que je me dis que c'est un peu grâce à moi si la société a engrangé +22 % de croissance en quinze ans. Et j'aimerais qu'on se souvienne de moi pour ça. »

Une vie de labeur

Lorsque nous évoquons sa vie personnelle, Patrice se montre plus vague. « Oui, je suis divorcé. Et alors ? Non, j'ai pas vu mes enfants grandir. Et alors ? Oui, je mange devant mon ordinateur. Et après ?

On ne devient pas manager d'une équipe de dix-sept personnes en restant chez soi comme un assisté… Mes journées, c'était 8h45 – 20h30 minimum, et je compte pas les dimanches soir à bosser pour le lendemain. Les 35heures de gauchiasse, connais pas ! Quand on est cadre et qu'on veut ses primes, on se donne à fond, c'est la base. Mais j'ai pas fait ça pour rien, puisque aujourd'hui, grâce à PLASTIC+, des milliers de familles peuvent bénéficier d'emballages avec une photo de leur chien dessus par exemple, et ça, ça n'a pas de prix. Ou plutôt si : 19,99euros TTC ! » Patrice rit, mais il recrache du sang.

Mort pour PLASTIC+

Lorsque nous lui disons adieu, Patrice reçoit la visite de ses collègues de PLASTIC+ : ceux qui ont partagé sa vie douze heures par jour depuis quinze ans. Mais son sourire s'efface lorsqu'ils lui apprennent que sa chute accidentelle les « a mis dans la m**** par rapport au client » et qu'il leur « faudrait une solution de back-up ASAP, sinon ce sera la cata ». Le stress occasionné par cette nouvelle a emporté Patrice Riquet, qui, on l'espère, rejoindra le paradis des managers.

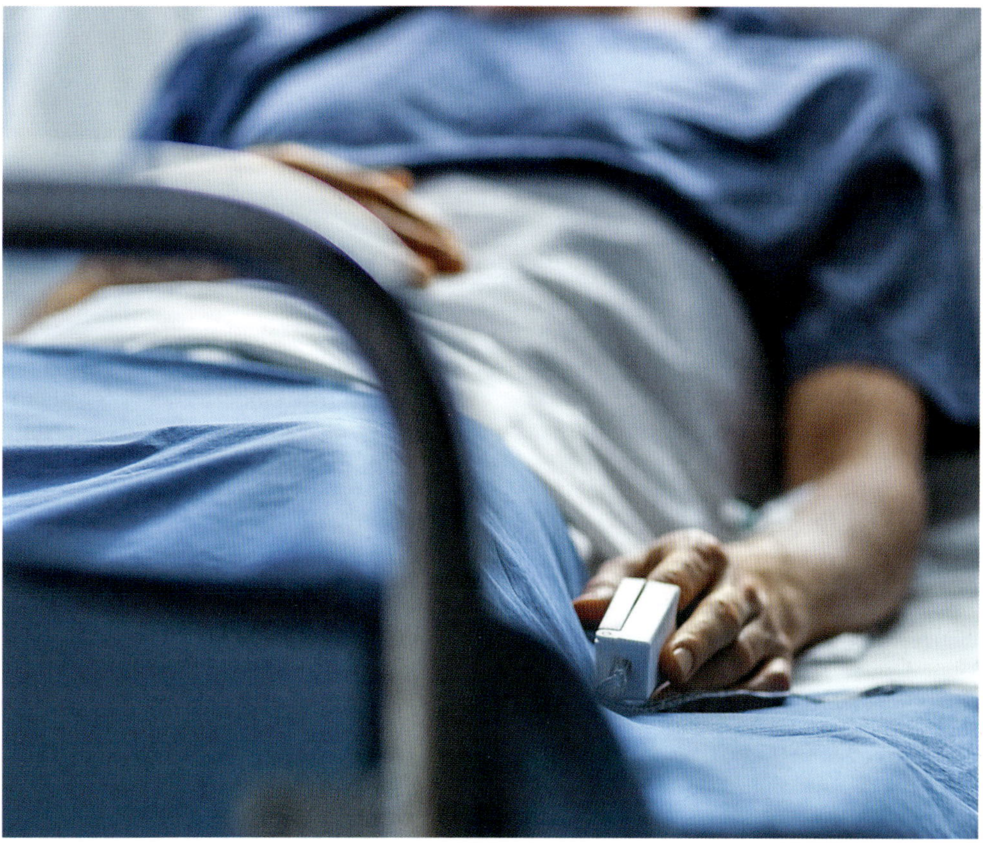

Sciences

Jaloux, le variant Delta propose un octogone au variant Omicron

Jaloux de la popularité subite de son rival, le variant Delta a décidé de le défier sur un ring entouré d'un grillage, à mains nues, et sans autre règle que celle de mettre son adversaire K.-O.

C'est un variant Delta bien décidé à en découdre qui s'est exprimé ce matin au micro d'Europe 1 : « Le variant Omicron n'est qu'une pâle copie de moi-même : il est plus contagieux que les variants précédents et on s'interroge sur sa dangerosité. S'il veut prendre ma place, qu'il fasse un octogone avec moi ! » Puis d'ajouter : « Il veut devenir le variant le plus répandu dans la population ? Qu'il montre d'abord ce qu'il a dans le ventre ! Mais qu'il vienne sans masque, sans gel hydroalcoolique et sans gants, et on verra s'il n'a pas peur que je le contamine ! » Le variant Delta a ensuite conclu : « C'est facile de faire illusion au début, mais c'est dans la durée qu'on juge les champions. Vous pouvez me dire combien de morts il a à son actif ? Ah ! Ah ! Ah ! Non mais laissez-moi rire ! »

Omicron sûr de lui

Contacté par la rédaction, le variant Omicron a accepté de répondre au variant Delta. « Vous savez, je suis déjà majoritaire dans les cauchemars des citoyens. J'ai en quelque sorte gagné la bataille des idées », s'est-il félicité, avant d'éreinter son adversaire : « Delta est un réac rétrograde qui vit dans la nostalgie d'un passé qui n'est plus. Il est inadapté au monde qui se prépare. » Sûr de sa victoire, il a ajouté : « Je suis tellement contagieux que, quelle que soit l'issue du combat, à la fin de celui-ci, il n'y aura plus de variant Delta. » Il a enfin terminé sa diatribe en envoyant un avertissement à son rival : « Je lui conseille de bien faire sa troisième dose s'il ne veut pas mourir asphyxié sur le ring ! »

CET ARTICLE EST RÉSERVÉ AUX ABONNÉS

Il vous reste 83 % de cet article à lire.

La suite de cet article est réservée aux abonnés. Si vous voulez profiter de tous les contenus du *Gorafi* en accès illimité, souscrivez à un abonnement de 7,99 euros par mois et aidez ainsi le Gorafi News Network à accroître son emprise médiatique afin de racheter CNews à l'horizon 2030. Dans le cas contraire, vous serez complice du rachat du *Gorafi* par Vincent Bolloré dans les prochaines semaines et de la fin du journalisme indépendant à court terme. Bravo, vous pouvez être fiers.

Non mais sans rire, ça représente quoi, pour vous, 7,99 euros ? Bien peu de choses au final, quand on parle de journalisme d'investigation, d'une édition numérique et de ses suppléments livrés chaque jour avant 13 heures, ainsi que d'une expérience de lecture optimisée avec seulement cinquante-sept encarts publicitaires par page (au lieu de trois cent quatorze dans la version gratuite).

Bien sûr, si vous préférez ne pas souscrire d'abonnement, nous vous laissons le soin de contacter un ami moins radin pour qu'il vous envoie la suite de cet article en captures d'écrans illisibles et nous nous contenterons de continuer à collecter vos données personnelles pour les revendre aux GAFAM.

Culture

La Fnac va proposer un rayon « banalités » pour les cadeaux à destination des gens dont vous n'avez rien à foutre

À l'approche des fêtes de fin d'année, la Fnac a décidé de faire peau neuve et proposera à ses clients des rayons « banalités » dans lesquels ils pourront piocher le cadeau idéal pour leur belle-sœur, leur oncle par alliance ou ce cousin issu de germain qu'ils n'ont pas vu depuis dix ans.

Du dernier album d'Angèle à la BD *L'Arabe du futur* en passant par le dernier prix Goncourt, rien n'a été laissé au hasard. « Ce sont des cadeaux consensuels que tout le monde connaît et qui ne froisseront personne. Avec ça, aucun risque de plaire ou de déplaire à cette personne dont vous n'avez pas grand-chose à faire… Tiens, ça me fait penser qu'il faut que je prenne quelque chose pour mon filleul », explique le chef de rayon en attrapant un exemplaire du *Best of du Gorafi*. « Bon, ça fera l'affaire », ajoute-t-il avec une moue dubitative.

Quid du risque que les personnes offrent les mêmes cadeaux ou se retrouvent avec ceux qu'ils ont déjà ? « Tout est prévu puisque nous avons aussi mis en place un rayon d'échanges et retours des banalités juste à côté », détaille le chef de rayon en désignant un coin où s'entassent déjà des centaines d'exemplaires du *Best of du Gorafi*.

Fort de ce succès, la Fnac compte aller encore plus loin. « Nous sommes en train de mettre en place un rayon spécial "Secret Santa" pour les cadeaux à destination des collègues de travail dont vous n'avez absolument rien à foutre et qui coûtent moins de 20 euros », nous explique-t-il en nous montrant une première étagère pleine de DVD des Chevaliers du Fiel.

XAVIER BERTRAND : « APRÈS MÛRE RÉFLEXION, J'AI DÉCIDÉ DE RENONCER À LA PRIMAIRE »

Coup de théâtre en plein congrès des Républicains: l'un des favoris, le président de la région Hauts-de-France Xavier Bertrand, a décidé de se retirer.

« Après mûre réflexion, j'ai décidé de renoncer à la primaire », a indiqué, dans un communiqué paru à 15 heures, l'ancien ministre de la Santé et du Travail. Dans ce même communiqué, Xavier Bertrand ajoute: « Ce qui m'importe, c'est le collectif, or je suis le seul à pouvoir le faire triompher. Il faut donc que je parte seul au combat pour prendre les coups, il en va de ma responsabilité. Je veux d'ailleurs tendre la main à tous les amis du parti, à part Philippe Juvin, faut pas déconner quand même. » Accusé dans la foulée sur les réseaux sociaux d'avoir attendu le résultat du Congrès LR pour changer d'avis, l'ancien maire de Saint-Quentin a tweeté: « C'était aujourd'hui les résultats? Franchement, je n'en avais aucune idée, cela montre bien à quel point je n'étais pas impliqué dans cette primaire. Il était temps d'en partir ! »

Sciences

5 remèdes de grand-mère pour agrandir votre pénis

Avant les opérations de chirurgie et les pilules grossissantes des laboratoires pharmaceutiques, nos aînées détenaient déjà dans leur cuisine d'authentiques recettes naturelles et peu coûteuses pour faire grossir le membre de leur mari (ou des voisins). En voici quelques-unes qui ont sûrement fait le bonheur de nos aïeux.

1- Faites-le tremper dans une infusion citron-miel-cannelle

Préparez-vous une infusion avec de gros morceaux de citron, du miel bio et un bâton de cannelle, et laissez tremper votre pénis dedans pendant deux heures par jour durant une semaine. Si cela ne fonctionne pas, il aura au moins bon goût.

2- Frottez-le avec du vinaigre blanc et du bicarbonate de soude

Astiquez-le avec du vinaigre blanc et du bicarbonate de soude, pour le faire reluire. La brûlure qui en résultera le fera peut-être gonfler. Ou vous devrez consulter un urologue, l'un ou l'autre. Mais qui ne tente rien, n'a rien !

3- Badigeonnez-le d'huile de foie de morue

Badigeonnez votre pénis d'huile de foie de morue et enroulez-le dans du papier aluminium. N'y touchez plus pendant deux cent trente-huit jours et pensez très fort à un cheval au moins deux heures par jour. Personne n'a jamais essayé, alors soyez le premier !

4- Soufflez dessus les soirs de pleine lune

Se couper les cheveux les soirs de pleine lune est déjà une astuce connue, mais ce qu'on sait moins, c'est que souffler énergiquement sur son pénis ces mêmes soirs permet d'en accroître le volume. Et si cela ne fonctionne pas, c'est toujours bien agréable !

5- Donnez-lui un prénom et considérez-le comme un membre de la famille à part entière

Donnez un prénom à votre pénis et laissez-lui toujours une place à table pour le souper. Ne cédez pas à la facilité en choisissant un nom comme « Popole », et optez plutôt pour un vrai prénom comme « Fabrice » ou « Enzo ». L'importance qu'il aura prise dans votre vie le fera grossir à coup sûr.

Économie

Les lutins du Père Noël posent nus dans un calendrier de l'Avent pour dénoncer leurs conditions de travail

Pour certains, Noël est un conte de fées. Mais pour d'autres, cela tourne parfois au cauchemar. Illustration avec cette initiative peu commune des lutins du Père Noël.

Les lutins du Père Noël ont profité du début de la période de l'Avent pour dénoncer leurs conditions de travail « absolument indignes », selon un communiqué paru hier soir. Mais ils l'ont fait de façon originale : en posant nus dans un calendrier.

Ainsi, en lieu et place des habituels chocolats, vos enfants trouveront derrière chaque fenêtre un lutin dans son plus simple appareil adoptant une pose lascive sur la musique du film *Emmanuelle*.

Les lutins espèrent ainsi « marquer les esprits et conquérir une large audience » afin que le harcèlement qu'ils subissent au travail « soit enfin pris en compte », expliquent-ils dans le même communiqué. Joint par téléphone, le Père Noël a, comme souvent pour se défendre, prétendu qu'il n'existait pas.

Des conditions de travail déplorables

C'est en effet à un homme aux antipodes de toute image idyllique que sont confrontés au quotidien les lutins, si l'on en croit leurs témoignages.

« Il ne fait rien, il nous prend pour ses esclaves. C'est sur nous que retombe tout le boulot, il ne prend même pas le temps de nourrir ses rennes », se plaint l'un d'eux. « Ce qui me tue, c'est que beaucoup pensent qu'il est sympa alors que c'est un vrai pervers narcissique. Il est aussi infect avec la Mère Noël et il se fout des gosses », ajoute un autre. « Il nous fait tout le temps bosser de nuit. Et vous croyez qu'on a une prime pour le 24 au soir ? Que dalle ! Il nous paye une misère en prétextant qu'on est des enfants, mais ça le gêne pas de faire travailler des enfants ! » se plaint un troisième.

Pour un partage des tâches

Pour les soulager, et même s'ils sont conscients de briser ainsi une tradition très ancienne, les lutins aimeraient que ce soient désormais les parents qui distribuent les cadeaux.

Au-delà du périphérique

Un ostréiculteur tombe dans un parc à huîtres et meurt dévoré

Accident tragique dans le bassin d'Arcachon. Un jeune ostréiculteur a chuté dans son parc à huîtres. Il a alors été dévoré en quelques minutes, malgré l'arrivée rapide de ses collègues.

« C'est horrible, on n'a retrouvé que ce qu'elles n'ont pas aimé, ses bottes et son ciré », se lamente Éric Dulauriez, un proche de la victime. Tout s'est joué en quelques secondes hier matin. Alors qu'il venait vérifier l'état de ses stocks à quelques semaines des fêtes de fin d'année, Jean-Baptiste Chaunu a fait une chute accidentelle dans le parc à huîtres. Il a alors été rapidement submergé par des centaines de coquillages. « C'était horrible, elles étaient toutes sur lui, il n'a eu aucune chance », raconte un autre homme venu à son secours.

Un accident rarissime

« Heureusement, j'avais ma batte de baseball pour contrer les plus coriaces, raconte un autre. Mais c'était horrible, il appelait à l'aide et on ne pouvait rien faire. » En quelques instants, cela en est fini pour Jean-Baptiste. « Et voilà, un moment d'inattention, on le dit, on le répète, ne jamais tourner le dos à un banc d'huîtres », explique un exploitant navré. Fort heureusement, les accidents de ce type sont devenus rares. Le banc d'huîtres responsable a quant à lui été « collecté » et sera prochainement « détruit », a annoncé de son côté la préfecture de Gironde.

La préfecture assure par ailleurs qu'il n'y a aucun danger, même si, chaque année, des rumeurs font état de disparitions inexpliquées de nageurs à proximité des parcs à huîtres. « On sait que ce genre d'accident peut arriver, le risque zéro n'existe pas. Et le risque, quand vous élevez des huîtres sauvages, le voilà », raconte ainsi Nicolas, jeune ouvrier qui, l'an dernier, a perdu plusieurs doigts quand une huître a bondi de son bac.

NIGERIA – DES MOUSTIQUES MANIFESTENT CONTRE LE VACCIN DE LA MALARIA

« Que vous soyez moustique ou humain, c'est votre droit – que dis-je, votre devoir – de vous renseigner sur les méfaits de cette potion biologique néfaste » a exprimé Bzzbzz Zbzbzz, le porte-parole de l'organisation MAHAV (*Mosquitos And Humans Against Vaccines*, « Moustiques et humains contre les vaccins »).

« Nous, on laisse faire la nature, et regardez-nous ! On se porte très bien » a continué Bzzbzz Zbzbzz, s'inquiétant de l'annonce affirmant que le vaccin R21/Matrix-M serait efficace à 77 % dans les essais cliniques. « Si le vaccin est approuvé et que le gouvernement incite la population à le prendre, des millions de moustiques risquent non seulement de perdre leur travail, mais aussi leur raison de vivre ! »

Politique

Manuel Valls annonce son ralliement au futur président de la République

Manuel Valls a annoncé ce matin, au micro de France Inter, son ralliement « à celui ou celle qui sera élu(e) au mois d'avril prochain ». Décryptage.

« C'est une décision mûrement réfléchie et qui n'a pas été facile à prendre », a annoncé d'emblée l'ancien Premier ministre de François Hollande avant de poursuivre : « J'ai regardé attentivement le programme de chaque candidat et cela s'est imposé comme une évidence : c'est avec le futur président de la République que j'ai le plus d'affinités. C'est pourquoi je vous annonce aujourd'hui mon ralliement à celui ou celle qui sera élu(e) au mois d'avril prochain. »

L'ancien maire PS d'Évry a ensuite ajouté : « Autant de points communs, ça ne peut pas être uniquement le fruit du hasard. Je partage au mot près sa vision du pays. Comme cela a toujours été le cas tout au long de ma carrière, ce n'est que par pure conviction que je m'engage. »

Engagement total soumis à conditions

Manuel Valls a également précisé qu'il n'était « pas opposé à une union civile avec le ou la gagnant(e) de l'élection si ça peut faciliter les choses », ajoutant : « L'important, c'est d'agir dans l'intérêt des Français. » Seul petit bémol : l'ancien conseiller municipal de Barcelone ne veut pas d'un poste subalterne dans le prochain gouvernement. « Je tiens toutefois à dire au futur président que je n'accepterai pas n'importe quel poste et que je ne travaillerai pas non plus avec n'importe qui. » Puis de conclure : « Pour le reste, je me dévouerai corps et âme à mon pays du moment que je peux travailler à 75 % depuis la Catalogne et qu'une équipe de vingt personnes travaille pour moi à temps plein et me remplace pendant les réunions. »

LA FRANCE ANNONCE LA VENTE DE 80 SCIES À OS À L'ARABIE SAOUDITE

En parallèle de la visite du président de la République, la France a annoncé la signature d'un important contrat de près de 80 scies à os.

« J'entends les critiques mais il faut saluer une victoire de l'industrie de la scie à os française », a souligné le président de la République lors d'une déclaration officielle. Alors que certains regrettaient une « normalisation » des relations avec le régime après l'assassinat du journaliste Jamal Khashoggi, Emmanuel Macron, lui, vante plutôt un succès financier sans précédent pour le commerce extérieur. Outre les scies à os, le royaume a passé ainsi commande auprès de la France d'une vingtaine de cuves résistantes à l'acide, d'une tonne de sacs-poubelle 120 litres, de près de 3000 litres d'acide sulfurique et de plusieurs lots de tranquillisants. Quant à l'utilisation de ce matériel, Emmanuel Macron balaye aussi les critiques. « La France n'a pas à demander de justifications sur l'utilisation future du matériel qu'elle vend. Pour ma part, je ne peux douter des intentions loyales et cordiales du prince qui doit avoir de très bonnes raisons d'avoir passé cette commande. »

Politique

Valérie Pécresse : « Être français, c'est mettre le lait avant les céréales dans son bol »

Après son passage remarqué sur le plateau de l'émission *Dimanche en politique* sur France 3, la candidate LR à la présidence a tenu à compléter ce en quoi consistait selon elle le fait d'« être français ».

Invitée sur LCI ce matin, Valérie Pécresse a souhaité apporter des précisions sur les déclarations qu'elle a tenues dimanche dernier. « Être français, c'est rouler en Citroën C5, c'est acheter un sapin d'au moins 1,40 mètre décoré en bleu-blanc-rouge, c'est sacrifier des offrandes aux actionnaires une fois par mois pour les remercier de nous laisser un peu de salaire », a-t-elle déclaré. Puis d'ajouter : « Être français, c'est ouvrir les cadeaux le 25 au matin. Le faire le 24 au soir, c'est aussi ridicule que de mettre un préservatif après avoir fait l'amour avec DSK. » À la question « est-ce qu'être français c'est aussi maîtriser la langue de Molière ? », la présidente de la région Île-de-France a aussitôt répondu : « Oui, être français, c'est dire "pain au chocolat", et pas "chocolatine" comme certains dégénérés de province. »

Un cri du cœur

Devant le scepticisme des journalistes présents en plateau, Valérie Pécresse s'est ensuite livrée à un monologue vibrant qui fera date : « Oui, j'aime la France, j'ai la France chevillée au cœur, pour moi la France n'est pas un vain mot. Être français, c'est faire la chenille dans les mariages, sauter sur "Les Sardines", chanter "À la queue leu leu" et "On fait tourner les serviettes". C'est aussi crier "Aux chiottes l'arbitre" quand on va au stade. C'est relire les livres de Nicolas Sarkozy et c'est manger au moins 400 grammes de porc par semaine. Mais surtout, être français, c'est mettre le lait avant les céréales dans son bol. Et d'ailleurs, je vous le dis tout net : moi présidente, j'instaurerai la déchéance de nationalité pour ceux qui mettent du lait chaud dans leurs céréales ! Il y a des limites à tout ! »

JANVIER 2022

Société

Fact-check : Les gens veulent-ils vraiment que vous passiez une « bonne année » ?

C'est une question que se posent beaucoup de lecteurs depuis le début de l'année. Finalement, les soi-disant « meilleurs vœux » sont-ils sincères ?

Il est important de se rappeler que souhaiter bonne année aux gens est un automatisme, une forme de politesse. Si certaines personnes le font en effet du fond du cœur, la plupart des gens ne se préoccupent nullement de votre bien-être, et encore moins quand ils vous souhaitent « bonne santé ».

À vrai dire, plus les vœux sont élaborés, plus ils sont susceptibles de dissimuler des intentions contraires. « Que votre année soit pleine de bonheur et de richesse, de rires et d'amour » veut généralement dire : « Je vous hais et je prie tous les jours pour que vous développiez une amyotrophie spinale de type 1. »

Ne soyez pas naïfs

Alors, comment savoir si la personne est sincère ? Malheureusement, c'est presque impossible. Ainsi, il vaut mieux tout de suite supposer que la personne vous veut du mal, et la meilleure chose à faire reste de supprimer cet individu de votre vie pour toujours. En effet, le risque n'en vaut pas la peine.

Un leurre traditionnel

Chaque année, des dizaines de millions de personnes finissent déçues après s'être fait souhaiter une prétendue « bonne année » par des gens qui semblaient avoir de bonnes intentions. Non seulement la plupart des gens ne pensent pas ce qu'ils disent, mais même quand c'est le cas, la plupart du temps, leurs vœux ne fonctionnent pas. « Des dizaines de personnes m'ont souhaité "bonne année" l'année dernière, et j'ai eu une année de merde, donc je commence vraiment à me méfier de ces apparentes bonnes intentions », confie une lectrice désabusée.

Si quelqu'un vous souhaite quelque chose dans le goût de « bananée, bonne sans thé », fuyez le plus loin possible et signalez cet individu au commissariat le plus proche.

Politique

Éric Ciotti fait un cauchemar dans lequel il voit un drapeau algérien sous l'Arc de triomphe

La nuit dernière, Éric Ciotti se serait réveillé en sueur après avoir crié à plusieurs reprises les mots « préférence nationale ». La faute à un mauvais rêve mettant en scène un drapeau algérien sous l'Arc de triomphe.

Depuis plusieurs semaines, Éric Ciotti vit des nuits difficiles. Selon plusieurs de ses proches, le député des Alpes-Maritimes se réveillerait régulièrement, victime de cauchemars et de terreurs nocturnes. Des mauvais rêves qui se manifestent selon eux depuis le début de la campagne présidentielle. L'un d'eux raconte : « Il remonte l'avenue des Champs-Élysées à l'occasion d'une cérémonie officielle et découvre avec horreur que le drapeau français habituellement placé sous l'Arc de triomphe a été remplacé par le drapeau de l'Algérie. »

Un autre membre de l'entourage proche de l'ancien candidat à la primaire des Républicains affirme que de nombreux détails angoissants viennent ponctuer son rêve. « Il se rend compte ensuite que les membres de l'orchestre de la garde républicaine sont habillés en djellabas et qu'ils jouent l'intro de "1, 2, 3 soleils" de Khaled, Rachid Taha et Faudel à la place de "La Marseillaise". C'est vraiment horrible. »

Toujours selon l'entourage d'Éric Ciotti, le député se réveillerait à chaque fois au même moment, en découvrant que Valérie Pécresse est la candidate à la présidentielle de son propre parti et qu'elle est soutenue par Maître Gims. Plusieurs sources confirment que le député aurait fait l'acquisition d'un appareil jouant l'hymne national français en berceuse pour l'aider à retrouver des nuits plus apaisées.

FACT-CHECK : EMMANUEL MACRON A-T-IL VRAIMENT FAIT UNE QUENELLE DANS SES VŒUX POUR LA NOUVELLE ANNÉE ?

À l'heure actuelle, rien ne permet d'affirmer avec certitude que le président ait bel et bien fait une quenelle aux Français pour leur souhaiter une bonne et heureuse année 2022. Pour rappel, cette gestuelle qui consiste à placer sa main au niveau de l'épaule est vue par certains comme un salut hitlérien inversé, et est souvent utilisée comme signe de ralliement antisystème par les fans de Dieudonné. Si Macron esquisse un geste qui y ressemble dans la dernière minute de sa vidéo avant de dire « Vive la France », le geste est trop fugace et rapide pour que l'on puisse affirmer quoi que ce soit. Le président a peut-être simplement voulu se gratter l'épaule ou réajuster son col de chemise. Cependant, connaissant la personnalité antisystème de Macron – auteur de *Révolution* et créateur du parti En marche qui fait régulièrement la nique aux puissants –, il n'est pas à exclure que le locataire de l'Élysée ait voulu glisser une nouvelle provocation à l'égard des riches et des patrons, à trois mois de l'élection présidentielle de 2022.

Gorafood

Gérard Depardieu renonce au Dry January après avoir découvert le goût de l'eau plate

Quelques minutes seulement après le début du challenge, Gérard Depardieu a débouché une première bouteille de vin rouge, bu un trou normand et descendu un mètre de shooters enflammés. En cause, un verre d'eau plate bu au réveil, le premier depuis 2008.

« C'est infect ce produit, et dire qu'on l'utilise pour se laver », s'est emporté l'acteur avant de confesser ne pas s'être douché depuis plusieurs années. « Des gens boivent ça tous les jours ? Vous êtes sûr ? Il faut à tout prix faire une campagne de sensibilisation, mettre une tête de mort sur l'étiquette, c'est pas normal », a-t-il ajouté dans un rot bruyant.

L'acteur s'est ensuite remis de ses émotions avec son traditionnel *zapoï* du 1er janvier, une cuite à la russe consistant à vider des litres de vodka jusqu'à ce que son adversaire s'évanouisse. « Ça fait du bien par où ça passe, hein ma couille ? » a-t-il lancé avant d'entamer un marathon nu dans les vignes de son château, l'idéal selon lui pour « cracher les toxines » du verre d'Évian.

Très remonté contre les associations ayant vanté les mérites du Dry January, l'acteur a depuis créé sa structure pour alerter les pouvoirs publics sur les dangers de la consommation d'eau en lançant son propre challenge : le « Drunk January », un mois qui encourage chacun à ne pas dessaouler jusqu'au 1er février et dont tous les bénéfices seront reversés directement à Gérard Depardieu.

VAR : RETRAIT DE PERMIS POUR AVOIR ÉCOUTÉ DU FRANCKY VINCENT AVEC 0 GRAMME D'ALCOOL DANS LE SANG

Un automobiliste s'est vu retirer son permis suite à une très grave infraction au code de la route.

Un habitant de Toulon s'est fait surprendre par les forces de l'ordre en pleine écoute de *Fruit de la passion*, un titredu chanteur Francky Vincent, alors même qu'il conduisait son véhicule complètement sobre.

Le conducteur a alors tenté de prendre la fuite avant d'être intercepté par un barrage de police qui a immédiatement coupé l'autoradio du coupable. Son permis lui a été retiré sur-le-champ.

Le forcené a été placé en détention provisoire avant son jugement. Outre son retrait de permis, il risque jusqu'à 5 ans de prison et uneinterdiction d'approcher un autoradio à moins de 50 mètres.

Politique

Anne Hidalgo prend la résolution de ne pas descendre en dessous de 1 % dans les sondages

Grisée par le champagne et gagnée par l'euphorie du Nouvel An, la maire de Paris a pris la résolution de ne pas descendre en dessous de 1 % dans les sondages jusqu'au premier tour. Une décision qu'elle a amèrement regrettée le lendemain matin.

« Qu'est-ce qu'il m'a pris de dire ça… C'est complètement débile », se lamente la candidate du PS, la mine défaite devant son café. « Je me souviens avoir dit quelque chose au sujet de l'union des gauches, que je pouvais remporter les primaires les doigts dans le nez… Et puis après, c'est le trou noir », continue-t-elle en vidant une bouteille de Perrier et sa boîte de Doliprane.

« Il faudrait un miracle pour que ça arrive. Ou que j'arrête de publier des vidéos face caméra dans lesquelles je dis n'importe quoi, mais ça, c'est hors de question, assume-t-elle. Sinon, il reste la solution de prôner l'immigration zéro pour gagner quinze points mais c'est la solution facile. »

Aux dernières nouvelles, Anne Hidalgo aurait ensuite contacté ses amis présents la veille et appris qu'elle aurait pris d'autres résolutions aux alentours de 4 heures du matin : piétonniser le périphérique, mettre l'écologie au centre des discussions pour 2022 et empêcher la disparition du PS d'ici 2027. La maire de Paris a fait savoir qu'elle reviendrait sur ces résolutions lors du JT de TF1 alors qu'un nouveau sondage la donne à 0,2 %.

FRANÇOIS BAYROU TENTE UN COME-BACK EN DISANT AVOIR TRÈS ENVIE D'ENQUIQUINER LES NON-VACCINÉS

L'ancien garde des Sceaux et actuel haut-commissaire au plan a créé une demi-polémique hier en affirmant au micro de France Inter que « les non-vaccinés, il avait très envie de les enquiquiner ».

« Moi, je ne suis pas pour enquiquiner les Français, mais là les non-vaccinés, j'ai très envie de les enquiquiner. Et c'est ce qu'on va faire jusqu'au bout », a-t-il expliqué. « Quand ma liberté vient menacer celle des autres, je deviens quelqu'un de pas super responsable. Un demi-citoyen. Enfin, c'est pas super gentil, quoi », a-t-il ajouté avant de demander en off à Léa Salamé : « Ça va ? C'est pas trop *hard* ? »

Ces propos ont aussitôt déclenché une colère légère sur les réseaux sociaux, où des internautes se sont fendus de Tweet moyennement agacés. « Enquiquiner, quand même, il y va un peu fort », commente un internaute. « Après, j'imagine que je peux comprendre… », tempère un autre. « C'est qui François Bayrou ? » auraient également demandé certains.

Économie

Inégalités – Bernard Arnault entame une grève de la faim de vingt minutes pour demander à être plus taxé

Très remonté après la lecture du rapport d'Oxfam, Bernard Arnault n'a pas attendu pour prendre une décision. Dans un communiqué, il annonce une grève de la faim personnelle pour une durée totale de vingt minutes, exigeant du gouvernement une meilleure taxation des plus riches.

« Je suis très sérieux. Je suis même prêt à sauter mon goûter de quatre heures », annonce l'homme d'affaires en s'enfonçant dans son fauteuil Louis XIV. « Ce que j'ai lu dans ce rapport d'Oxfam m'a profondément choqué, ulcéré, et ce pour plusieurs raisons », ajoute-t-il. « D'une, j'ai découvert des moyens subtils d'optimisation fiscale que personne ne m'avait signalés. Ensuite, je connais très bien ces millionnaires qui appellent à être taxés davantage. Depuis quelques semaines, ils ne m'invitaient plus au Country Club, je comprends mieux maintenant », précise le milliardaire vexé qui espère que son geste va provoquer l'onde de choc nécessaire dans le monde de la finance française et lui rouvrir ainsi les portes des country clubs.

Une action déterminée

« Depuis que j'ai commencé cette grève de la faim, je vois les choses différemment », confie-t-il. « Il en faut peu pour être heureux, vraiment très peu pour être heureux, il faut se satisfaire du nécessaire », lance-t-il tout en repoussant la coupe de champagne qu'on lui apporte lors d'une conférence de presse autour de la piscine de sa propriété des Bahamas. « La vie est dure pour tout le monde, ce n'est pas normal que je sois aussi privilégié », complète-t-il, n'hésitant pas à enlever sa casquette siglée du logo du journal *Fakir* et à s'exposer dangereusement à l'impitoyable soleil des Bermudes.

De nombreux émules

Puis, au bout de vingt minutes, l'homme d'affaires regarde sa montre. Son médecin vient prendre sa tension et son pouls. « Voilà, c'est fini, j'ai fait ce que j'ai pu, je suis allé au-delà de mes limites. Dites aux milliardaires français de faire de même, de continuer à donner l'exemple, et dites-leur aussi que je me suis battu comme j'ai pu », assène-t-il avant de presque perdre connaissance, épuisé par le jeûne. Dans l'immédiat, on apprend que Vincent Bolloré, Arnaud Lagardère et François Pinault rejoignent aussi le mouvement, mais seulement pour dix minutes « en raison d'une conf' call qu'il faut conclure ASAP ».

Politique

Manuel Valls en garde à vue pour ne pas avoir dit du bien d'Emmanuel Macron depuis trois jours

L'ancien Premier ministre socialiste est actuellement entendu par les policiers qui cherchent à savoir pourquoi il n'a plus rien dit de gentil envers Emmanuel Macron depuis plus de trois jours.

« C'est une énigme, ses explications sont assez peu crédibles », explique une source proche du dossier. Le « silence pesant » de Manuel Valls a commencé voilà quatre jours quand soudainement, sans explications de sa part, il a cessé de tweeter ou d'exprimer dans des communiqués de presse envoyés en quatorze exemplaires à des dizaines de journaux et médias son soutien à Emmanuel Macron. « Soudainement, on n'avait plus de nouvelles de lui. J'ai même pensé qu'il avait repris sa carte au PS », raconte un journaliste. De leur côté, les proches de Manuel Valls veulent à tout prix éviter un « clash » avec le parti de la majorité. « Monsieur Valls soutient toujours le président sortant. S'il n'a pas pu communiquer récemment, c'est la faute à la batterie de son téléphone qui est en panne. » Ceci pourrait expliquer dès lors son silence.

« C'est n'importe quoi », affirme Christophe Castaner. « Il existe bien d'autres moyens de communiquer, il aurait très bien pu le faire d'une autre façon. Il devra payer les frais de ce manque de cohésion et de loyauté envers le président Macron », a-t-il ajouté, appelant cependant à la clémence et ne réclamant qu'une peine avec sursis.

78 % DES FRANÇAIS D'ACCORD POUR REMPLACER LA PRIMAIRE POPULAIRE DE LA GAUCHE PAR UN COMBAT AU KATANA

Une très grande majorité de Français s'est prononcée pour mettre en place rapidement des duels au katana entre les principaux candidats de la gauche.

« Oui, je pense que démocratiquement, le katana est sans doute plus juste que les votes des militants », explique Jérémy, fraiseur-équilibriste, pour qui la Primaire populaire se doit de se réinventer si elle veut peser dans le débat politique national. « Honnêtement, qui s'intéresse à la Primaire populaire ? Alors que si on autorise le katana et, je ne sais pas, des armes bonus comme des nunchakus, des combos et des tenues en Lycra, là tout de suite, ça devient intéressant », souligne Éric Crémieux, directeur en recherche politique au CNRS. « Imaginez un duel où Anne Hidalgo et Christiane Taubira se battent au sabre devant un Bercy enflammé, ah oui, là, je prends ma carte au PS, ajoute Sonia de Drancy. Et puis boum ! Sans prévenir, Fabien Roussel arrive en faisant des roulades arrière et les défie à son tour, incroyable spectacle ! »

Interrogés, les responsables de la Primaire populaire n'ont pas totalement fermé la porte à cette possibilité, mais planchent plutôt sur « un tournoi de catch » avec des candidats « qui auraient des noms accrocheurs comme Dirty Saccageuse ou The Dark Insoumis ».

Économie

Emmanuel Macron assure ne pas vouloir les 45 heures par semaine pour les jeunes, mais « les 75 »

Le président de la République a réagi aux révélations de *Marianne* sur son futur projet d'instaurer les 45 heures minimum aux jeunes travailleurs.

C'est lors d'une allocution télévisée qu'Emmanuel Macron a rectifié les informations sorties dans le journal *Marianne* : « Contrairement à ce qui a été dit, non, je ne vais pas rendre obligatoire les 45 heures par semaine minimum pour les jeunes travailleurs. En effet, je trouve que 45 heures par semaine, ce n'est pas suffisant. Les jeunes ont de l'énergie à revendre, ils doivent donc travailler au minimum 75 heures. C'est mon projet. »

En coulisses, les proches du président affirment qu'il était furieux : « Selon lui, laisser penser qu'il se satisferait de seulement 45 heures par semaine, c'est presque de la calomnie. Il était à ça de porter plainte contre le journal. Il a eu très peur que sa base militante ne comprenne pas et croit à un revirement idéologique pour glorifier la fainéantise, et prendre des voix à la gauche et à son électorat de gauchistes. »

Un conseiller nous apprend même que ce n'est pas la seule mesure envisagée par l'exécutif. Le président souhaite rassurer ses électeurs, inquiets pour leur retraite, en s'inspirant du passe vaccinal : « Courant avril, on annoncera la création d'un "passe travail" qui empêchera l'accès aux bars, restaurants et cinémas aux jeunes travaillant moins de 75 heures par semaine. C'est très *start-up nation*, c'est important de revenir aux fondamentaux avant les élections. Enfin, même s'il ne sait pas encore s'il est candidat, hein ! » termine, penaud, son conseiller.

JEAN-LUC MÉLENCHON OUVERT À UNE PRIMAIRE AVEC LUI-MÊME

Le candidat de La France insoumise a finalement accepté l'idée d'une primaire à gauche.

Alors qu'il s'était opposé à l'idée d'un unique candidat pour maximiser les chances de la gauche de remporter l'élection présidentielle, Jean-Luc Mélenchon a fait volte-face hier lors d'une interview concédée à nos confrères de France Inter. « Je pense que si nous voulons avoir une chance de remporter cette élection, il faut que l'on rassemble nos forces. Je suis donc ouvert à une primaire avec moi-même. »

L'ancien ministre de l'Éducation nationale s'est d'ailleurs agacé du manque d'unité de ses camarades. « Il faut arrêter de se regarder le nombril si j'ose dire, et se réunir derrière mon unique candidature », a déclaré le tribun.

Reste maintenant à convaincre les autres membres de son camp. Pour l'instant, seul Yannick Jadot a été séduit à l'idée de participer à une primaire avec Yannick Jadot.

FÉVRIER
2022

Au-delà du périphérique

Bretagne : Pour permettre le passage du super yacht de Jeff Bezos, la pointe du Finistère sera démontée

En raison de la taille imposante du super yacht de Jeff Bezos, la pointe du Finistère devra être temporairement démontée pour en permettre le passage.

« Nous n'avons pas le choix, il va falloir démonter l'intégralité du Finistère et l'entreposer un moment, le temps que le navire puisse passer », a expliqué le président du conseil régional de Bretagne dans une lettre envoyée aux habitants concernés. L'imposant navire de Jeff Bezos, en provenance de Rotterdam, devrait croiser dans la Manche avant de traverser l'Atlantique. « Nous avons pris plusieurs mesures et à cet endroit, le bateau doit tourner et ça va coincer, ça va taper. Les pare-battages ne sont pas assez solides et il y a un risque d'abîmer le bateau qui lui-même a déjà coûté très cher », souligne le responsable du chantier.

Il a été précisé en outre que tout dommage lié au passage du bateau pouvait incomber aux résidents du Finistère. « Ces gens-là sont responsables de leur environnement, ils devraient veiller à ce que le passage des bateaux soit sans dommage pour eux. Cela fait longtemps que le Finistère aurait dû être raboté, ou tout du moins poncé dans ses endroits les plus avancés », déclare un géographe en charge du projet.

Se pose maintenant la question du lieu : où entreposer les morceaux de Finistère le temps du passage du bateau ? Ainsi, des endroits désolés et sans habitants comme les Landes, la Seine-et-Marne ou Saint-Germain-le-Fouilloux ont déjà été avancés.

AL-KHELAÏFI : « IL NE FAUT PAS QUE LE FOOTBALL VIENNE GÂCHER CETTE GRANDE FÊTE DE L'ARGENT »

Quelques heures avant la grande confrontation entre le Paris Saint-Germain et le Real Madrid, le président du PSG espère que tous les acteurs de la rencontre seront à la hauteur et ne se hasarderont pas à jouer au football au beau milieu du match.

« Je pense aux millions de personnes qui ont parié sur cette rencontre, on ne peut pas égoïstement gâcher leur rêve et leur argent en faisant mumuse avec un ballon dans la surface », a-t-il commenté en conférence de presse. « Il y a des enjeux qui dépassent totalement nos deux clubs ce soir, il faut que les joueurs en prennent bien conscience et je leur demande de laisser le football là où il doit être: au vestiaire », souligne-t-il, rappelant qu'il espère pareille attitude de la part du Real.

« Il ne faut pas que le football vienne gâcher cette grande fête de l'argent, tous ces droits TV, ces centaines de journalistes accrédités et nos produits dérivés, tout ça pour quoi? Un tacle? Une lucarne à la 89e minute? » poursuit-il. De son côté, le Real s'est refusé à répondre aux attentes de Nasser al-Khelaïfi, ce qu'il regrette. « Clairement, c'est un manque de fair-play, quel dommage, quelle mentalité… Ces gens sont obnubilés par un simple résultat sportif. Quel genre de message ça envoie aux plus jeunes ? »

Politique

Qui est Wushu, le panda milliardaire qui finance la campagne de Yannick Jadot ?

Quelles sont ses connexions, d'où vient sa fortune, pourquoi soutient-il le candidat d'Europe Écologie-Les Verts ? *Le Gorafi* vous dit tout.

Le candidat d'Europe Écologie-Les Verts a dû lui aussi se résoudre à recevoir le soutien d'une grande fortune. Nous sommes allés à la rencontre d'un de ses proches, qui a accepté de témoigner sous couvert d'anonymat. « En réalité, c'est Wushu qui tire les ficelles. Yannick lui mange dans la main », confie-t-il.

À l'origine de sa *success story*, Wushu a eu l'idée de déposer la marque Panda® avant tout le monde. « À chaque fois que quelqu'un utilise le mot ou l'image d'un panda dans le monde, il doit lui reverser des royalties. Rien qu'avec la Fiat Panda, il est devenu milliardaire », raconte notre source.

Sa fortune s'élève aujourd'hui à plusieurs milliards d'euros, mais le panda ne veut pas s'arrêter là et compte mettre la main sur la France. En 2018, il rencontre Yannick Jadot et décide de le refaçonner avec ses équipes de com'. En marge d'un congrès, il lui dit qu'il peut faire de lui une star, mais « va falloir arrêter votre style de babos avec vos pulls qui piquent et vos moustaches », se souvient le collaborateur du candidat.

Mais alors, quelles sont ses réelles intentions ? « Tout le souci est là, il fait croire à Yannick qu'il soutient l'écologie afin de sauver ses semblables et la planète. Il sait très bien jouer avec son regard triste de panda pour convaincre les gens. Yannick pense qu'il va investir massivement dans la permaculture après son élection, mais j'ai plusieurs documents qui prouvent qu'il ne souhaite qu'une chose : faire de la monoculture de bambous pour lui et ses semblables. Je ne peux pas vous en dire plus. Je risque ma vie, il ne recule devant rien », confesse notre source avant de s'éclipser.

UKRAINE – ELLE CROIT VISER UN SANGLIER ET ABAT UN CHAR RUSSE

Alors qu'elle procédait à une battue aux sangliers dans la banlieue de Kiev, une jeune fille a fait feu, abattant un char russe qui passait à proximité.

Le char russe, un T90, effectuait une « randonnée sur un sentier balisé » a affirmé de son côté le porte-parole de Vladimir Poutine.

La Russie a exigé des explications immédiates sur cette agression dont ont été victimes son char et son pilote. « On nous dit que cette jeune fille a confondu le sanglier avec l'un de nos chars dernière génération, mais nous avons peine à y croire. Un char, c'est quand même très gros et ça fait du bruit », ajoute le Kremlin. « De plus, ce n'était pas un char mais une colonne de plus d'un kilomètre de véhicules blindés, le tout précédé d'un bombardement massif depuis 4 heures ce matin », a précisé un responsable des opérations militaires en Ukraine.

« Nos chars ont le droit de faire des promenades et des randonnées dans n'importe quel pays d'Europe de l'Est, ils sont totalement pacifiques et sans danger. Nous exigeons l'abolition immédiate de la chasse en Ukraine », a déclaré Vladimir Poutine.

Société

Il montre une photo de ses enfants alors qu'on ne lui a rien demandé

Rennes – Alors que sa soirée d'anniversaire battait son plein, Thomas, 30 ans, s'est vu pris en otage par l'un de ses amis, fraîchement père de famille.

« J'ai rien vu venir. Je voulais être poli, j'avais pas vu ce type depuis six mois. Je demande comment vont ses enfants, mais façon de parler tu vois, pour être sympa. Et là, la soirée a dérapé. Je regrette tellement... », soupire Thomas, la voix tremblante.

Un récit glaçant

« À ce moment-là, le gars me dit "Super, bah tiens regarde !" et j'ai eu droit à toutes les photos de ses enfants. Instagram compris ! Le gars fait comme tous ces parents munis d'un smartphone : il mitraille ses enfants dans leurs moindres faits et gestes ! Pourquoi m'en montrer un sur le pot ? » ajoute-t-il. « J'ai dû faire semblant de m'esclaffer devant une photo où il avait de la morve au nez ! J'ai rien contre ce gamin, vous m'entendez ? Mais j'en ai trop vu ! J'avais rien demandé ! Quand on me demande comment va ma copine, je montre pas ses *nudes* et nos *sextapes* ! Euh, enfin, j'en ai pas hein, c'était juste un exemple », continue le malheureux, rouge de colère, ou de honte.

Un syndrome post-traumatique

L'homme est contraint d'aller s'hydrater et demande une pause avant de reprendre son récit : « Depuis, j'ose plus rien demander à mes amis qui ont des enfants. Je refuse les soirées et je reste cloîtré chez moi. Je dis à tout le monde que j'ai le Covid depuis trois mois ! Ce mensonge va bientôt m'éclater au visage et je risque de tout perdre. Mais ce n'est rien face au danger de retomber sur un autre jeune père nombriliste et déjà fier de sa progéniture, alors qu'elle n'a même pas encore l'âge de savoir lire ! » conclut Thomas, dans un sanglot.

SI POUTINE CONTINUE SES ATTAQUES, BHL MENACE D'ENLEVER LE DERNIER BOUTON DE SA CHEMISE

Face à Laurence Ferrari, le philosophe Bernard-Henri Lévy s'est adressé directement à Vladimir Poutine: «Écoute-moi bien, Vlad! Si t'arrêtes pas tout de suite tes sottises, je vais me fâcher. Je ne plaisante pas, si ça continue, je vais enlever le dernier bouton de ma chemise!» a-t-il lancé, face cam, en se massant le torse avec du monoï.

En coulisses, le rédacteur en chef de l'émission fulmine dans l'oreillette de l'animatrice: «Bon, ça va là, ça fait déjà douze minutes qu'on ne parle pas d'islam, d'insécurité, ni de la grandeur du christianisme! Laurence, change de sujet! On va encore se faire défoncer par le patron!»

En plateau, Laurence Ferrari tente de lancer BHL sur des sujets tels qu'Éric Zemmour, les derniers sondages d'Éric Zemmour ou le prochain meeting d'Éric Zemmour, mais rien à faire. Le Hemingway du Café de Flore n'écoute plus la journaliste et se tient debout sur sa chaise, torse nu, en hurlant: «Allez, viens Vladimir, si t'es un homme!»

Sports

JO : Succès mitigé pour le lancer d'Ouïghours

Pékin – Malgré un enthousiasme avant le début des Jeux, la nouvelle discipline olympique du lancer d'Ouïghours ne rencontre pas le succès escompté.

Si l'intérêt pour cette nouvelle discipline continue de stagner, la Chine aura échoué à convaincre le monde que le lancer de minorités oppressées est un sport légitime.

« Tout le monde était super motivé au début, mais je pense que c'était juste dû à l'aspect novateur », explique Thomas Bach, le président du Comité international olympique. « Le fait de proposer des humains victimes de génocides culturels était quelque chose qui parlait beaucoup aux athlètes, histoire de changer des objets ennuyants comme le javelot des jeux d'été », poursuit l'ancien escrimeur allemand.

Un bilan en demi-teinte

« Je me suis entraîné pendant des années, et chaque Ouïghour que j'utilisais me donnait l'impression de ne pas vouloir être là. Donc c'était franchement pas très gratifiant, raconte un athlète anonyme. Par contre, niveau dépenses de calories, c'est pas mal. »

Éthique sportive

« J'y ai assisté quelquefois dans le public, et je dois dire que les cris des Ouïghours sont assez irritants », partage quant à elle Élise, une Française travaillant pour les Jeux olympiques. « Au-delà de ça, on se pose aussi la question de l'éthique, parce que j'ai entendu des rumeurs comme quoi les Ouïghours se dopent », ajoute-t-elle à propos du nouveau sport qui ne plaît pas à tout le monde.

En revanche, le bobsleigh a gagné en popularité grâce à l'utilisation d'opposants politiques à la place du traîneau.

DECATHLON LANCE LE PREMIER CASQUE DE VÉLO QUI NE FAIT PAS UNE TÊTE DE GLAND

Decathlon va enfin permettre à des milliers de cyclistes d'avoir une allure convenable. L'idée vient du directeur du marketing en personne. « J'en avais franchement marre d'investir dans un style vestimentaire et de le voir complètement ruiné par ce casque qui me faisait une tête de pénis, pour rester correct », nous explique-t-il.

Pour réaliser ce chef-d'œuvre, la marque française a dû repousser les limites de l'impossible. « Lorsqu'on a sorti le premier prototype au bout d'un an et qu'on arrivait toujours à une tête de gland, on a failli abandonner. On a voulu se rabattre sur un projet plus faisable comme réaliser des chaussures de bowling dans lesquelles on n'a pas l'air ridicule. Mais finalement, on a persévéré et on a bien fait », concède l'un des responsables du projet.

« On va le faire essayer à deux cents Français qui ont déjà une grosse tête de gland et si le casque ne fait pas d'effet, on saura qu'il est efficace. D'ailleurs, maintenant que je vous regarde, ça vous dirait de participer à cette étude ? » nous propose gentiment Michel, responsable du service qualité.

Société

La Poste crée une appli qui permet de suivre la perte de son colis en direct

Suite à de nombreuses réclamations, le site de la Poste fait peau neuve en ajoutant une fonctionnalité permettant de suivre en deux clics la perte de son colis. Une innovation qui montre que la Poste française n'a rien à envier aux géants de la Silicon Valley.

« Grâce au tracking GPS, on peut voir en direct le facteur sonner à la mauvaise porte, dans le mauvais immeuble ou dans la mauvaise ville comme cela arrive souvent, témoigne la chef de projet avec enthousiasme. Le *must* ? L'émoji "cigogne" qui informe les utilisateurs que leur colis a tout simplement été volé par l'un de nos employés. Perdre un courrier n'a jamais été aussi fun ! »

Forte de cette réussite, la Poste ne compte pas en rester là et songe déjà à déployer de nouveaux dispositifs. « Par exemple FindBank, une application qui permet de trouver tous les automates hors service de La Banque postale dans un rayon de 5 kilomètres. Ou encore PosTify, une plateforme pour choisir la musique que vous entendrez en boucle au téléphone pendant quarante-cinq minutes si vous avez une réclamation. »

Mais parmi ces nouveautés, le coup de cœur des utilisateurs reste ChronoLost, le service permettant de perdre un colis urgent en moins de vingt-quatre heures. « Autrefois, j'aurais été en colère en croyant que mon iPhone 12 était bêtement perdu. Aujourd'hui, je sais qu'il est bloqué dans un hangar à Puteaux pour les dix prochaines années. Merci La Poste ! » témoigne un utilisateur en ligne.

VLADIMIR POUTINE SE RÉVEILLE EN SURSAUT D'UN CAUCHEMAR DANS LEQUEL L'ONU ÉTAIT DEVENUE SUPER PUISSANTE

Moscou – Le président russe s'est réveillé en hurlant ce matin, après avoir rêvé que l'ONU était devenue super puissante et l'avait empêché de mettre la moindre botte en territoire ukrainien.

« Cela doit être le caviar, pas assez tiède. Chaque fois, ça me reste sur l'estomac et ça me fait faire de drôles de rêves », a raconté le président russe tout en enfilant ses pantoufles en peau de journalistes. « La dernière fois, j'avais rêvé que Navalny s'échappait de sa prison et devenait quelque chose comme un super-héros, il parlait et les médias reprenaient ses propos, c'était horrible, absolument horrible », a-t-il ajouté en secouant la tête. « Mais là, des Casques bleus partout, des blindés de l'ONU, nos soldats contraints de se plier au droit international et de respecter l'intégrité d'un territoire, j'avoue, je n'avais jamais rêvé de quelque chose d'aussi bizarre », a-t-il commenté avant de signer l'ordre de déportation de son psychologue, incapable d'interpréter ses rêves.

Monde libre

Vladimir Poutine accuse l'Ukraine d'avoir volontairement situé son pays à proximité des frontières russes

Dans un communiqué officiel, Vladimir Poutine a affirmé que la présence de l'Ukraine à proximité immédiate des frontières russes était, selon lui, « la preuve » que le pays avait cherché à nuire de manière préméditée.

« Nous avons découvert que l'Ukraine était immédiatement contiguë à la frontière russe il y a seulement quelques mois », a affirmé le porte-parole de l'homme fort du Kremlin. « La Russie ne peut tolérer une telle agression, à savoir une présence ukrainienne à seulement quelques centimètres de la frontière russe », ajoute-t-il, soulignant tous les risques que cela peut engendrer en termes de géopolitique. « Il suffit que les branches d'un arbre dépassent un peu et des feuilles tombent en territoire russe. Un char d'assaut russe vient à passer, dérape, c'est l'accident. C'est scandaleux, nous devons protéger la Grande Russie », a-t-il martelé.

Vladimir Poutine a ainsi posé un ultimatum de quarante-huit heures aux dirigeants ukrainiens afin qu'ils déplacent le pays à une distance de plus de 30 000 kilomètres de la Russie, « ceci dans le but que les frontières russes ne soient plus directement menacées ».

L'OTAN VA PARACHUTER 200 000 PROMESSES DE SOUTIEN À L'UKRAINE

L'alliance des pays d'Europe et d'Amérique du Nord va, comme convenu, apporter un soutien matériel à l'Ukraine.

Les autorités ukrainiennes ont accueilli la nouvelle avec beaucoup d'enthousiasme: «On pensait recevoir des armes, des hommes, du matériel médical mais là, waouh! ça dépasse toutes nos espérances», déclare un haut responsable à Kiev. Un appui de taille qui pourrait «faire changer le cours de la bataille», si l'on en croit le président de l'OTAN Jens Stoltenberg. En effet, les Russes, eux, ne disposeraient que de simples chars dernier cri, d'une armée surentraînée et d'un leader aliéné doté d'une détermination sans faille pour faire face à ces promesses de soutien.

Vladimir Poutine envisage d'ailleurs une riposte sans précédent pour contrer cette menace. «Si cette aide arrive en Ukraine, nous révélerons aux Européens le prix de leurs prochaines factures de gaz», a déclaré le leader russe à la télévision.

France

Après avoir effectué plus de 150 autotests, son corps développe une troisième narine

Issoudun (36). C'est une histoire peu commune que celle de Théophile, 38 ans, animateur dans un centre d'accueil périscolaire. Après avoir réalisé de très nombreux tests, il a en effet vu apparaître sur son visage une troisième narine.

« J'ai d'abord cru qu'il s'agissait du rebord de mon masque mais en m'approchant plus près d'une vitre, j'ai compris que c'était une excroissance de mon nez », explique le trentenaire, encore sous le choc. Au contact des enfants toute la journée, Théophile a dû effectuer un nombre incalculable de tests, particulièrement à la fin de l'automne, lors de l'apparition du variant Omicron. C'est ensuite que tout a basculé.

Selon Pascal Claretto, spécialiste des protubérances autonomes, cela n'a rien d'exceptionnel. « Le corps a cette capacité à anticiper les besoins de l'individu. De même qu'un membre amputé existe encore à travers les douleurs fantômes, un nouvel organe peut surgir pour soulager ces mêmes douleurs », explique-t-il. Doté d'une nouvelle narine « beaucoup plus large que les deux autres, avec des cloisons parfaitement parallèles », Théophile regrette qu'on en soit à un creux de l'épidémie « car c'est hyper agréable de se faire enfoncer un test dans ce nouvel orifice ».

Complications au quotidien

Depuis lors, la vie de Théophile est parfois un enfer et il redoute plus que tout

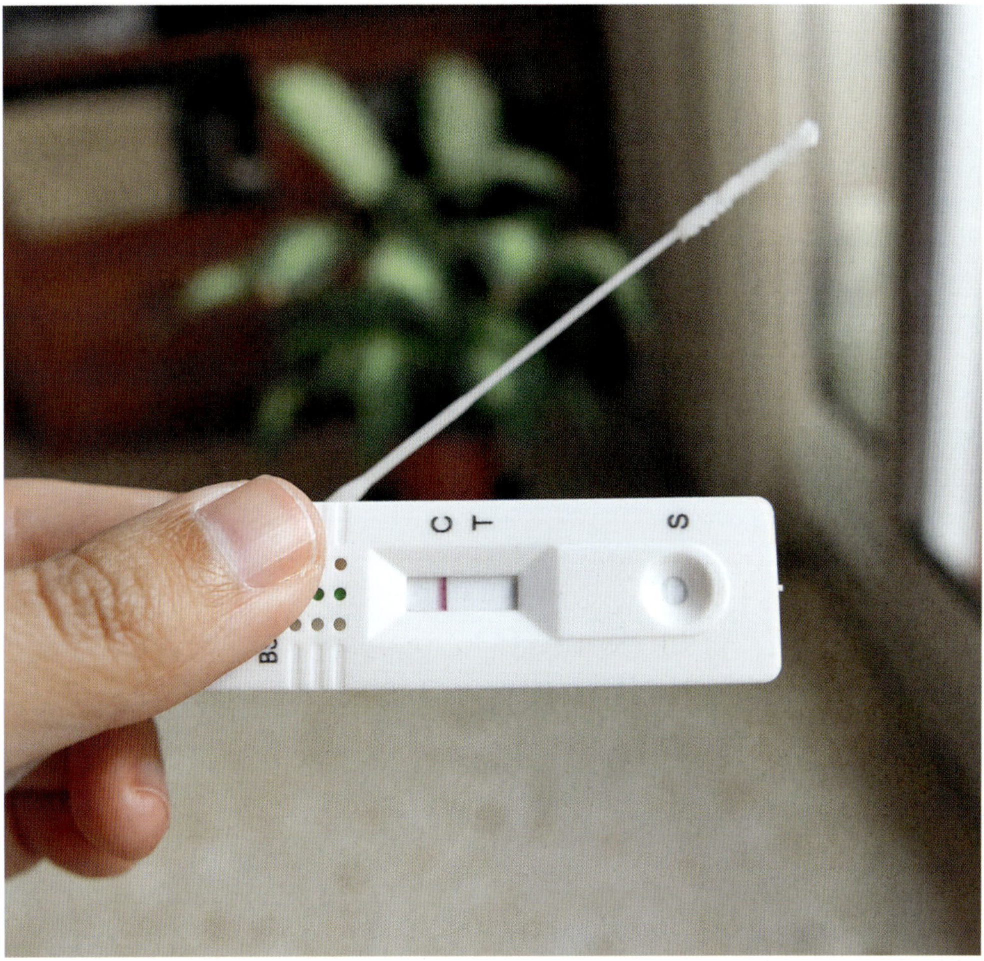

la levée du port du masque : « Pour l'instant, je m'en sors bien parce que je peux cacher mon nez, mais j'en viens presque à espérer un nouveau variant et une nouvelle vague. »

Mais c'est sur le plan amoureux que le jeune homme rencontre le plus de difficultés. « Je ne peux avoir des touches qu'avec des pro-masques qui ne le retirent même pas pendant les rapports sexuels », confie-t-il avant d'ajouter : « Ça limite beaucoup les possibilités. Ces derniers mois, je n'ai couché qu'avec des filles de la famille d'Olivier Véran ou des ex de Jean Castex. »

Cette histoire n'est pas sans rappeler celle de Tony, 28 ans, atteint d'un Covid long au printemps dernier. Il s'était, à force de prendre sa température, découvert un deuxième anus en formation.

MARS
2022

Monde libre

Ukraine – Les armes envoyées par la Suède livrées sans notice de montage

Alors que les premières armes promises par les Européens arrivent sur le front ukrainien, de nombreux soldats se sont plaints de la difficulté à assembler celles qui ont été livrées par la Suède, pointant notamment du doigt l'absence de notice.

Mobilisés depuis plusieurs jours près de la frontière biélorusse, Viktor et Yarik s'activent dans un sous-sol pour tenter d'assembler un lance-roquettes antichar modèle Tjärnvall à monter soi-même. L'arme, fournie par la Suède sans notice de montage, semble malheureusement donner du fil à retordre aux soldats qui mettront finalement douze heures à constituer chaque pièce.

« Douze heures, c'est extrêmement long. Ce temps, nous aurions pu le mettre à profit pour mettre sur pied au moins deux barricades, huit tranchées et une bonne vingtaine de chants anti-Poutine », explique l'un des deux soldats avant de jeter une pièce métallique dont il n'a pas trouvé l'emplacement lors de l'assemblage.

À l'image de Viktor et Yarik, nombreux sont les membres de l'armée ukrainienne à ne pas cacher leur désarroi, évoquant les multiples ruptures dans la chaîne logistique provoquées par les armes suédoises. « Même quand les notices sont présentes, elles ne sont pas rédigées en ukrainien et les schémas ne sont pas toujours clairs », précise un autre soldat avant de revenir à l'étape 2 du montage de son gilet pare-balles en kit modèle Norsjö.

Un appel relayé par Volodymyr Zelensky, le président ukrainien, qui affirme par ailleurs s'être entretenu avec la Première ministre suédoise pour réclamer aux Suédois de rompre avec leur doctrine interdisant la livraison de clés Allen avec leurs armes.

GÉRALD DARMANIN DEMANDE AUX RÉFUGIÉS DE CALAIS DE DONNER LEUR TENTE AUX RÉFUGIÉS UKRAINIENS

Bien loin de l'homme dur et flirtant avec la xénophobie qu'on s'imagine, Gérald Darmanin s'est senti tout particulièrement ému de la situation des réfugiés ukrainiens qui affluent en Europe.

« Voir ces images de Blancs sur la route qui ne possèdent rien, ça fait quelque chose. C'est horrible de voir des Européens traités comme n'importe quel Syrien ou Tchadien », s'est-il confié. Pour le ministre de l'Intérieur, plus que la situation, c'est le silence assourdissant et le manque de solidarité des réfugiés calaisiens envers les réfugiés ukrainiens qui est « profondément indigne ». Il s'est d'ailleurs rendu dans la ville du Nord afin de convaincre les réfugiés calaisiens de laisser leur tente aux Ukrainiens exilés.

Politique

En cas de victoire, Éric Zemmour nommera Marion Maréchal ministre de la Vaisselle

Un joli cadeau de la part du candidat d'extrême droite qui, contre toute attente, souhaite donner plus de responsabilités aux femmes dans son futur gouvernement.

Bien loin de l'image patriarcale et réactionnaire qu'on lui connaît, Éric Zemmour a fait savoir qu'il n'hésiterait pas à donner un poste à responsabilités à Marion Maréchal-Le Pen s'il remportait l'élection. « Je pense qu'elle ferait une excellente ministre de la Vaisselle. C'est une femme avec du caractère et des convictions, mais surtout, avec des doigts de fée et un sacré coup de poignet », a lancé le candidat.

Éric Zemmour serait même prêt à laisser plus de marge de manœuvre à l'ancienne membre du Rassemblement national dans un futur proche : « Si elle travaille bien, dans un ou deux ans, elle pourra prétendre au ministère de la Couture, de l'Aspirateur ou même carrément à un ministère rassemblant l'ensemble des travaux ménagers », a déclaré, magnanime, le candidat d'extrême droite.

Pour ce qui est du poste de Premier ministre, Éric Zemmour ne semble pas encore prêt à accepter un tel bouleversement dans ses valeurs. « Une femme ??? PremiÈRE ministre ??? Écoutez, même si Matignon, c'est vrai, pourrait avoir un parquet mieux ciré et des cuivres plus brillants, une telle responsabilité me semble hors de portée pour un être qui ne sait pas faire un créneau. Bon, je vous laisse, je dois aller à CNews. Euh, à mon QG de campagne », lance le candidat à la voix nasillarde avant de s'éclipser.

APRÈS LA GÉORGIE ET L'UKRAINE, LE ROYAUME-UNI DEMANDE « À ENTRER SANS DÉLAI » DANS L'UE

Les représentants du Royaume-Uni ont déposé ce jour une demande pour exiger une entrée rapide de leur pays dans l'Union européenne.

«Nous avons déposé notre demande au "guichet express d'adhésion" mis en place par les services de la Commission européenne et on nous a certifié qu'elle allait être examinée sous huitaine si nous avions tous les tampons demandés», a expliqué Boris Johnson qui affirme que face au risque d'escalade des derniers jours, il avait cherché un partenaire «solide» pour faire «face à toute éventualité». Le Premier ministre anglais a redit sa surprise après avoir appris l'existence de l'UE tout récemment. «J'ai demandé quelle était cette étrange coalition de pays qui avaient pris de si grandes décisions en un temps record et comment ils s'étaient tous coordonnés, et on m'a dit que c'était l'Union européenne. Alors je me suis dit, ouah, ils sont trop forts, je veux en être aussi! Ça doit être vraiment sympa de travailler ensemble comme ça», a-t-il expliqué. À l'issue de la conférence de presse, il s'est cependant réservé le droit de ressortir de l'UE si les choses évoluaient, puis d'y entrer à nouveau si les choses évoluaient encore.

Politique

Anne Hidalgo : « Il faut dire à Poutine : “Dis donc mon p'tit bonhomme, ça va bien deux minutes !” »

Pour la candidate PS à la présidentielle, si Poutine ne veut pas cesser la guerre, c'est parce que les Européens manquent de tact dans leur communication.

« Pour une communication efficace, il faut toujours respecter le triangle magique : bienveillance-fermeté-résilience », a expliqué la maire de Paris ce matin au micro de BFM TV. « Si on veut mettre fin à la guerre, il faut dire à Poutine : “Dis donc mon p'tit bonhomme, ça va bien deux minutes !” » a-t-elle ajouté avant de préciser sa stratégie pour adoucir le président russe. « Ce qui est très important quand on lui parle, c'est de bien se mettre à sa hauteur et de le regarder dans les yeux en tendant l'index. » Puis de renchérir : « Il faut être ferme tout en restant à l'écoute, c'est très important, l'écoute. Le laisser exprimer ses frustrations, extérioriser son mal-être s'il en ressent le besoin. Il ne faut surtout pas qu'il garde trop de choses à l'intérieur de lui. » Enfin, pour Anne Hidalgo, il est primordial d'instaurer un système gagnant-gagnant et de n'utiliser la menace qu'en dernier recours. « Il faut lui dire : “On ne fera des concessions que si tu es sage. Mais tu ne peux pas avoir tout ce que tu veux et si tu continues à faire ton chenapan, tata Anne va se fâcher tout rouge !” »

Hidalgo surqualifiée ?

Interrogée ensuite sur ses compétences en matière de politique internationale, la candidate a expliqué : « Vous savez, j'ai fait un échange avec une classe allemande quand j'étais en 4e et j'ai eu ensuite un correspondant anglais au lycée, donc je suis calée sur toutes les questions géostratégiques et de défense.» Puis d'ajouter : «La politique, c'est de la communication et j'ai non seulement suivi un stage de CNV (communication non violente), mais aussi un de PNL (programmation neurolinguistique) et un autre sur l'assertivité. Alors, bon courage pour trouver quelqu'un de plus qualifié que moi ! J'ai d'ailleurs une idée d'exercice avec Poutine qui marcherait, j'en suis sûre. Chacun se met de part et d'autre de la pièce et on dit : "Je fais un pas, tu fais un pas" jusqu'à ce qu'on se rejoigne. Symboliquement, c'est très efficace.»

Une démarche pédagogique

Enfin, pour la maire, le plus important est de « l'inviter à réfléchir à ce qu'il pourrait faire pour réparer ses bêtises, afin qu'il accède de nouveau à une bonne image de lui-même et qu'il se sente en confiance ».

Foot

Ligue 1 : les victoires contre les Girondins de Bordeaux ne seront plus comptabilisées

La Ligue de football professionnel (LFP) l'a annoncé ce matin : afin de rééquilibrer le championnat de France de Ligue 1, les victoires contre les Girondins de Bordeaux ne rapporteront plus aucun point. Explications.

Au sortir d'une réunion qui aura duré plus de deux heures, les instances dirigeantes du football français ont tranché. Après avoir envisagé de donner un handicap de trois buts aux adversaires du club de Bordeaux, la LFP a décidé que les victoires contre celui-ci ne seront plus comptabilisées. « Cela faussait le championnat », explique Vincent Labrune, président de la LFP, avant d'ajouter : « Ceux qui ont déjà affronté Bordeaux deux fois ont pu cumuler plus de points et de buts que les autres. Ça leur donne un avantage psychologique, surtout pour le maintien où l'on sait que le mental est très important. » Toutes les victoires futures et passées contre Bordeaux vaudront donc zéro point afin de « ramener tout le monde à égalité ». Les Girondins auront également la possibilité d'utiliser un douzième joueur de champ.

Plusieurs ajustements

Outre ces deux mesures, les Girondins de Bordeaux bénéficieront d'autres avantages pour maintenir un semblant de suspense dans la lutte pour le maintien. Le match nul rapportera désormais deux points au club et la victoire cinq. Les Girondins obtiendront également un bonus de 0,5 point pour chaque but marqué et pour chaque rencontre terminée sans encaisser plus de cinq buts.

Dernière chance

Enfin, l'équipe au scapulaire pourra commencer son mercato un mois avant les autres afin de se laisser une toute petite chance de ne pas descendre en National l'année suivante.

JEAN-PIERRE PERNAUT SERA INHUMÉ DANS UN CERCUEIL FABRIQUÉ À LA MAIN PAR LE DERNIER PETIT ARTISAN DU POITOU

L'ex-animateur emblématique de TF1 sera inhumé dans un cercueil réalisé par le dernier ébéniste du Poitou.

C'est une bien belle histoire. C'est dans le Poitou, à Talmont-sur-Gironde, que nous retrouvons Fabrice, 68 ans, ébéniste depuis son adolescence. Fabrice a été choisi par la famille de l'ancien présentateur du 13 heures de TF1 pour concevoir le cercueil du défunt: « C'est un véritable honneur de confectionner à la main ce cercueil en bois de chêne, dans la pure tradition du Poitou. En plus, M. Pernaut était déjà venu à Talmont-sur-Gironde pour faire des reportages sur mon voisin, Patrick, le dernier fabricant de sabots en bois de hêtre ! »

En effet, Jean-Pierre Pernaut a laissé une trace indélébile dans la mémoire et dans le cœur des petits artisans des régions de France, mis en lumière grâce à son 13 heures. C'est aussi le cas de Jean-Loup, couturier de Saint-Germain-le-Fouilloux, qui fabriquera le costume sur mesure de M. Pernaut: « Jean-Pierre refusait de porter des costumes de grandes marques parisiennes. Tous ceux qu'il portait depuis 1978, c'étaient les miens ! » nous lance-t-il fièrement.

Présidentielle 2022

Pour attirer l'attention de Nicolas Sarkozy, Valérie Pécresse sort un album de reprises de Carla Bruni

Malgré de nombreux signaux envoyés depuis le début de la campagne par la candidate à l'ancien président pour solliciter son soutien, celui-ci reste bien silencieux. Valérie Pécresse a donc décidé de passer à l'étape suivante.

Dans l'espoir de susciter enfin l'intérêt de Nicolas Sarkozy, la candidate LR à la présidentielle a annoncé sur Twitter la sortie prochaine (le 24 mars) d'un album de reprises de Carla Bruni. Les titres choisis (« L'amoureuse », « J'arrive à toi », « Un grand amour », « Prière », « Le toi du moi ») laissent peu de doute quant à la volonté de la présidente de région d'abattre toutes ses cartes pour arriver à ses fins. Interrogée par nos soins au sortir d'un jogging, celle-ci a démenti les rumeurs, un T-shirt du PSG sur le dos : « C'est un hasard, il se trouve que j'ai toujours aimé cette artiste et que je tenais, dans un souci de sincérité, à montrer à tous les Français à quel point j'aimais chanter. Mais il est vrai que ça me fait un nouveau point commun avec Nico ! »

Un long combat

Valérie Pécresse avait déjà essayé de s'attirer la sympathie de Nicolas Sarkozy en choisissant de nommer son chien Paul Bismuth et en relayant l'information sur Twitter au mois de septembre. Deux mois plus tard, elle avait publié une vidéo YouTube dans laquelle elle lardait de coups de couteau un mannequin à l'effigie d'Edwy Plenel. Mais là encore, la candidate réfute la thèse du clin d'œil à l'ex-président. « J'ai ma propre personnalité et je n'agis pas en fonction des uns et des autres, même si j'ai la plus haute estime pour celui qui a été, selon moi, le meilleur président de tous les temps », a assuré la candidate avant de passer plusieurs coups de téléphone pour organiser un concert à Neuilly le 27 mars, à deux semaines du premier tour.

UKRAINE – LE P.-D.G. DE TOTALENERGIES DIT AVOIR DU MAL À TROUVER LE SOMMEIL EN PENSANT AUX ENFANTS DE SES ACTIONNAIRES

Le P.-D.G. de TotalEnergie exprime aussi une pensée pour les enfants des oligarques russes, victimes collatérales, selon lui, des sanctions européennes. « Comment pourrais-je me regarder dans une glace en pensant à tous ces enfants qui ne pourront plus suivre leurs cours de violon » affirme-t-il, tout en admettant vivre la décision d'appliquer les sanctions internationales comme un crève-cœur.

Patrick Pouyanné termine en évoquant le futur et annonce vouloir proposer au conseil d'administration de recentrer les prochains investissements de TotalEnergies dans des pays dont les conflits laissent l'opinion publique internationale plus indifférente. Un choix délibéré visant à l'aider à retrouver le sommeil.

Au-delà du périphérique

La Bretagne annonce une « opération militaire spéciale » visant à « dénormandifier » le Mont-Saint-Michel

Selon plusieurs observateurs, les forces armées bretonnes se seraient positionnées à proximité des frontières normandes et ceci pourrait être l'amorce d'une invasion prochaine.

Depuis plusieurs jours, ce sont des dizaines de *foodtrucks* crêperies bretonnes qui ont pris position autour du Mont et à proximité immédiate des principaux axes de communication, laissant craindre le pire. Le tout associé à une propagande incessante des grands médias bretons incitant à « dénormandifier » le Mont-Saint-Michel. « Nous allons reconnaître formellement la République autonome du Grand Couesnon », a annoncé le président du conseil régional de Bretagne tandis qu'il inspectait les troupes, qualifiant en outre le groupe de dirigeants normands de « clique de buveurs de cidre drogués ».

De leur côté, les Normands ont promis de résister et ont appelé les régions limitrophes à l'aide en envoyant massivement des autobus de touristes se garer en double file sur la rampe d'accès au Mont et ainsi bloquer l'invasion. « Il ne faut pas laisser place à une escalade de la situation avec la Bretagne. Envoyer un bus de touristes serait un risque de déclaration de guerre », a temporisé pour sa part Emmanuel Macron qui a annoncé qu'il était prêt à prendre en charge au moins un ou deux réfugiés normands si la situation venait à se tendre.

LA FRANCE VA ENVOYER 10 000 FRANÇAIS EN UKRAINE POUR SE PLAINDRE

« Parmi les Français qui seront déployés, nous compterons 5 000 individus dont le travail consistera à répéter "Qu'est-ce que ça craint ici", "Quelle situation de merde", ou encore "Si c'était moi au pouvoir, j'aurais réglé tout ça en deux temps trois mouvements" », a expliqué Jean-Yves Le Drian lors d'une conférence de presse ce matin. « Il y aura aussi 3 000 personnes qui passeront leur temps à envoyer des Tweet désagréables sur place, et 2 000 qui seront là pour soupirer à l'oreille des soldats russes, poursuit le ministre des Affaires étrangères. Je pense que Vladimir Poutine doit aussi comprendre que nous sommes capables de crier "Non mais oh !" très, très fort. »

« Ce qui n'est pas clair, c'est si cette intervention engage les autres pays membres de l'OTAN à faire pareil », explique Pascal Boniface, directeur de l'Institut de relations internationales et stratégiques (IRIS). « Techniquement, il ne s'agit pas d'une intervention militaire, mais il n'empêche que les Russes perçoivent probablement cela comme une provocation et pourront eux aussi venir inonder les services après-vente dans toute la France », ajoute le géopolitologue.

France

Nuage du Sahara : les Ukrainiens émus aux larmes par les images des Français obligés de laver leur voiture

Les Ukrainiens ont fait part de leur intense émotion à la vue des images dévoilées dans les médias français : des photographies insoutenables d'automobilistes contraints de laver leur voiture après l'épisode de nuage de poussière et de sable venant du Sahara.

Dmitry, un jeune homme qui a trouvé refuge dans le métro avec sa famille témoigne du choc à la vision des images. « C'est terrifiant, voir ces gens arrachés à la réalité de leur quotidien, se retrouver à faire la queue à une station de lavage, mais quelle horreur. » Sveltana, une jeune étudiante qui a rejoint le corps de défense de Kiev, dit son respect face à la vigoureuse réponse des automobilistes. « Ils n'ont rien lâché, ils ont eu le courage de dire "Ma voiture ne sera pas un tas de boue !", cela impose le respect », dit-elle en essuyant ses larmes. « Évidemment, on se dit, si demain Kiev était touchée par un nuage de poussière, comment on réagirait ? Cela fait réfléchir. Et devoir payer 8 euros pour laver sa voiture, c'est dur, surtout avec l'inflation », commente Piotr tout en poussant dans un Caddie toutes les affaires qu'il a pu sauver d'un bombardement.

Une chaîne de solidarité

Partout en Ukraine, des milliers de personnes se sont mobilisées pour aider les automobilistes français durement frappés par les millimètres de poussière ocre. Dès demain, un premier convoi de produits de première nécessité comportant notamment plus d'une tonne de nettoyant pour voiture partira de Lviv. « Les gens ont fait des dons spontanément. Ils se disent que la France c'est un peu l'Europe, même si c'est loin, ça reste proche de nous, on ne peut pas les abandonner ainsi », a affirmé un porte-parole.

Politique

Pour apaiser les tensions en Corse, le ministre de l'Intérieur change son nom en Geraldo Darmanini

Après avoir proposé son autonomie, le ministre de l'Intérieur a envoyé un nouveau signal fort à la Corse : il se fera désormais appeler Geraldo Darmanini.

L'information a été révélée ce matin par le journal *Le Monde* : Gérald Darmanin se fera désormais appeler Geraldo Darmanini. Le ministre de l'Intérieur réfute toutefois toute intention opportuniste ou clientéliste. « Cela n'a rien à voir, j'ai toujours été un grand fan de la Corse et ce depuis tout petit. Je me rends sur la bien nommée île de Beauté dès que j'ai deux jours de libres », explique-t-il tout en réservant un voyage en Bretagne et un autre dans le Pays basque. Lorsqu'on lui demande s'il compte enregistrer ce changement à l'état civil, le ministre reste un peu évasif et indique simplement qu'il compte « refaire un point autour du 24 avril ». Aujourd'hui, tous ses efforts sont focalisés sur son dossier du moment : rebaptiser la place Beauvau « place Bonifacio ».

Rumeurs et fausses accusations

Celui qui considère le stade de Furiani comme « la huitième merveille du monde » assure qu'il est « totalement insensible à ceux qui critiquent l'action du gouvernement sur cette question ». Il ajoute : « J'entends des choses délirantes sur de possibles accointances avec la mouvance nationaliste et indépendantiste. Tout ça parce que j'ai récemment demandé à Jean-Guy [Talamoni, NDLR] d'être le parrain de ma fille ou que j'ai décidé d'appeler mon chien Yvan. » Agacé, il conclut : « C'est vraiment n'importe quoi ! », avant de prendre congé pour aller plastiquer le QG de campagne de Valérie Pécresse.

APRÈS LE SABLE DU SAHARA, LA FRANCE RECOUVERTE PAR UNE TEMPÊTE DE FRITES VENUE DE BELGIQUE

Les Français se sont réveillés ce matin dans une ambiance postapocalyptique suite à la tempête de frites venue de Belgique qui a recouvert notre territoire.

Des intempéries pas vraiment du goût de tout le monde. « J'ai des frites plein le pare-brise, alors que je venais à peine de le laver de la tempête de sable. En plus, elles ne sont pas comme j'aime. Moi, je les aime croquantes et molles à l'intérieur », confie Bernard tout en grommelant.

Certains de nos concitoyens ont accueilli la nouvelle avec plus d'enthousiasme : « Ça va, ce ne sont que des frites. Un peu de frites, ça n'a jamais tué personne. Il y a des trucs bien pires venus de Belgique qui auraient pu nous tomber dessus, comme des fans de tuning ou des albums post-mortem de Johnny », témoigne Josiane.

Il faudra pourtant se préparer à d'autres intempéries de ce genre si l'on en croit les experts. « Dans les mois qui viennent, une tempête de connards venue du Kremlin pourrait tomber sur la partie est de la France », confirme Jean-Denis, météorologue.

AVRIL
2022

France

Mais surtout, évitons l'escalade

Depuis que la guerre a éclaté, pardon, l'opération militaire spéciale, menée par un véritable boucher criminel de guerre sadique, pardon, homme politique rugueux, on ne cesse de nous répéter qu'il faut éviter l'escalade. Il est vrai que bombarder de prime abord une maternité, un théâtre transformé en abri, ou même carrément envahir un pays souverain, cela n'en était pas une, d'escalade. Bah non.

Il y a deux semaines, l'un d'entre nous s'est rendu à Przemyśl, en Pologne, à 3 kilomètres de la frontière ukrainienne, dans un ancien centre commercial reconverti en camp de réfugiés. Là, sur de simples lits pliants, dorment des centaines de personnes dans ce qui avait été autrefois une boutique, un magasin avec ses rayonnages. Tout ce qu'il en reste, ce sont les vestiges délavés de publicités qui n'ont pas toutes été arrachées. Ici, on dort, serrant dans ses bras un bagage, un sac ou un petit animal qu'on a pu emporter avant de quitter sa ville, son quartier, son village, sa vie. Du moins, on essaie de dormir car les lumières blanches et blafardes de ce gigantesque dortoir ne sont jamais éteintes, par sécurité.

Il y a là des femmes, des enfants, des personnes âgées. Les hommes en âge de combattre sont pour beaucoup restés sur place. Des enfants jouent au milieu des volontaires en chasuble jaune (au dos, ils ont inscrit au marqueur les langues qu'ils parlent). Tout le week-end, un homme, mascotte d'une équipe de hockey sur glace de Slovaquie, est venu avec son costume d'écureuil. Il accueille les mômes, met l'ambiance, danse. Les bénévoles distribuent de petits sacs à dos. Les volontaires de la World Central Kitchen fournissent des repas 24 heures sur 24. Le flux d'arrivées de réfugiés est permanent.

Sans un bruit, sans un cri, ils descendent des bus qui stationnent sur le parking dominé par la silhouette de l'ancien Tesco. De l'extérieur, on pourrait penser à un jour de départ ou d'arrivée de vacances, dans une gare routière. Tout est étrangement calme. Une fois l'accueil passé et après avoir récupéré le précieux bracelet QR code qu'ils doivent présenter à chaque entrée et sortie du camp, les réfugiés cherchent alors le numéro du dortoir qu'on leur a attribué. Puis, enfin, ils arrivent devant l'emplacement où ils dormiront ce soir. Ils posent leur sac pour la première fois depuis qu'ils ont quitté l'Ukraine.

En fonction du pays d'accueil qu'ils ont choisi, ils dorment dans un dortoir particulier. Il y a le dortoir français (et anglais), en face de l'autrichien. Plus loin l'Espagne, la Suède. Il y a même une petite salle de projection qui diffuse des dessins animés. « Ce soir à 18 h 30, n'oublie pas de retirer ton petit pot de pop-corn », annonce l'affiche dessinée à la main. À l'entrée du camp, des landaus, des poussettes, des fauteuils roulants, des déambulateurs qui ont été donnés par les Polonais.

On nous explique qu'ici « l'endroit est relativement *safe* (police et armée polonaises patrouillent non-stop) comparé à la gare de la ville, où les gens sont entassés les uns sur les autres sans aides, sans sanitaires » et où règnent aussi l'insécurité et les mafias. Certains, livrés à eux-mêmes, décident cependant de reprendre le train pour Lviv, préférant se battre contre les Russes plutôt que de crever de faim en Pologne.

On n'est jamais « prêt » pour ce genre de situation. On se demande comment font les humanitaires pour ne pas craquer, eux qui dédient leur vie entière aux autres. Mais les réfugiés, eux le vivent, cet enfer, tandis que vous, vous vous contentez de le traverser. C'est juste 72 heures de votre petite vie et au retour, vous retournez péter dans vos draps de soie en vous disant que « ça pourrait très bien arriver demain chez nous » mais « fort heureusement pas d'escalade ».

Ce week-end-là, soixante-dix personnes ont pu être ramenées via l'association Care 4 Ukraine et toutes avaient une famille d'accueil ou des points de chute en France. T., accompagnée de sa maman de 86 ans, alors qu'elle prend son premier petit déjeuner en France dans une station-service près de la frontière, me dit en français : « Ma maison ? Détruite, bombardée ! Toute ma vie est dans ces deux sacs ! Mais maintenant je suis en France, alors tout va bien. » Elle s'arrête et le redit, très assurée : « Maintenant, tout va bien. »

France

Présidentielle : ce que proposent les 12 candidats pour améliorer vos performances sexuelles

Que proposent les candidats pour pimenter votre misérable existence ?

Nathalie Arthaud

Pour elle, rien de tel que les petits scénarios SM soft pour relancer la libido dans le couple. Nathalie Arthaud vous conseille une mise en scène dans laquelle vous enchaînez votre boss, puis lui administrez quelques gifles ou une petite fessée avec le code du travail.

Nicolas Dupont-Aignan

Nicolas Dupont-Aignan propose de revenir aux valeurs traditionnelles en vous incitant à refuser le sexe hors mariage. « Le mariage, c'est la stabilité et l'assurance d'avoir des rapports réguliers. Avec ma femme, c'est chaque deuxième mardi du mois, en missionnaire, pendant la pub entre *Koh Lanta* et *Une famille en or*. »

Anne Hidalgo

Anne Hidalgo vous conseille de tout miser sur votre look. « Un beau perfecto en cuir, une bonne eau de Cologne et surtout garder ses santiags pendant l'amour. Personne n'y résistera. »

Yannick Jadot

Yannick Jadot propose de vous aider à réduire votre empreinte carbone en rangeant au placard vos vieux sex-toys fonctionnant au gazole. « L'avenir, c'est l'électrique. »

Jean Lassalle

« Quand tu ne te sens plus chatte, et que tu deviens chienne, et qu'à l'appel du loup, tu brises enfin tes chaînes, que je t'aime, que je t'aime, que je t'aime… »

Marine Le Pen

Marine Le Pen se positionne du côté du peuple et affirme que chaque Français a le droit « à du sexe sale et débridé ». Elle propose aussi d'instaurer un référendum d'initiative citoyenne pour faire interdire le sexe aux islamo-gauchistes.

Emmanuel Macron

Emmanuel Macron propose de miser sur des partenaires plus âgés pour vous aider à gagner en expérience. Pour cela, il s'engage à reculer l'âge de la ménopause pour les femmes et celui de la fin de la puberté pour les hommes.

Jean-Luc Mélenchon

Son programme du candidat se base sur trois propositions : la création d'un Centre national du cyber-sexe rattaché au ministre délégué à la Recherche et aux Nouvelles Technologies, la reconnaissance du sexe interethnique comme patrimoine national et l'installation de distributeurs de Viagra dans les EHPAD. Il s'engage à vous coacher personnellement pour vous aider « à pécho comme lui en soirée ».

Valérie Pécresse

« Écoutez... Bon... Non... Voilà. J'ai déjà essayé à la fac avec un ami. On écoutait Marc Lavoine. On avait un peu bu. Et ça a dérapé. Je ne l'ai jamais revu, il est reparti pour Dakar dès le lendemain. C'était bien ça que vous vouliez savoir, hein ? »

Philippe Poutou

Après avoir mené une consultation auprès de vos ex, Philippe Poutou cible votre excès de romantisme. Il vous conseille d'aller droit au but avec vos partenaires, car « les préliminaires, c'est un truc de bourgeois ».

Fabien Roussel

Le candidat communiste vous conseille de travailler sur l'ambiance. Son petit truc à lui : faire l'amour sur « L'Internationale » et crier « mort aux capitalistes » pendant l'orgasme.

Éric Zemmour

Il s'engage pour revenir à un sexe « à la française » et propose de renommer toutes les positions du *Kama-sutra* avec des noms d'anciens généraux de l'armée française.

Gorafood

Monsanto rappelle des tonnes de pesticides à cause de traces de pizzas Buitoni

L'entreprise Monsanto a rappelé en urgence des tonnes de pesticides après y avoir repéré la présence de pizzas Buitoni.

« C'est une catastrophe pour notre entreprise. On a repéré des traces de pizzas Buitoni dans notre Roundup. Or nos clients ont confiance dans notre glyphosate réputé pour être uniquement cancérigène. Chez Monsanto, on tue à petit feu ! Pas à toute vitesse ! » s'énerve Hugh Grant, le directeur de Monsanto.

Des études scientifiques alarmantes

Plusieurs études d'opinion catastrophiques alertent l'entreprise américaine, comme nous l'explique un directeur de cabinet de sondages. « Les clients de Monsanto sont des habitués. Quand ils utilisent un herbicide, ils s'attendent à tousser, à avoir des difficultés à respirer ou à ce qu'il leur pousse un sixième doigt. Pas à voir leur enfant mourir en 48 heures ! Il y a tromperie sur la marchandise ! »

Buitoni et Monsanto, un partenariat ?

De son côté, Buitoni s'étonne d'une telle contamination. Un dirigeant nous confie en off qu'en revanche, la marque aimerait collaborer officiellement avec Monsanto afin de « commercialiser des pizzas aromatisées au Roundup et au glyphosate ».

S'IL EST ÉLU, ÉRIC ZEMMOUR REBAPTISERA LE COUSCOUS « JEAN-PIERRE »

Le polémiste juge que le nom du plat originaire du Maghreb est un frein à son intégration.

On le sait, pour Éric Zemmour, le grand remplacement commence par le nom. Celui-ci a donc jugé que l'un des plats préférés des Français ne pouvait porter un nom à consonance maghrébine. « Je suis d'origine berbère mais je m'appelle Éric, alors le couscous, je suis désolé, devra s'appeler Jean-Pierre si je suis élu. Ou Jean-Pierre Couscous à la limite », a-t-il lancé lors d'une interview.

Concernant les types de couscous, le candidat s'est montré plus tolérant, du moins dans un premier temps. « On pourra commander un Jean-Pierre Kefta ou un Jean-Pierre Merguez, mais l'idéal restera de choisir un Jean-Pierre Royal pour franciser le nom le plus possible », a-t-il lâché.

Éric Zemmour n'a pas annoncé la liste exhaustive des plats qui pourraient voir leur nom changer. Néanmoins, en off, on parle du tajine qui devrait être renommé Claude et de la moussaka qui pourrait s'appeler Francine.

Présidentielle 2022

Philippe Poutou : « Tout a commencé le jour où j'ai revendu mes actions Apple trop tôt »

Le candidat NPA à la présidentielle s'est confié sur les origines de son engagement politique, qui aurait commencé lorsqu'il a revendu ses parts de la société Apple juste avant leur gigantesque montée en valeur.

« C'est pas facile de vous dire ça car c'est un traumatisme important qui a été un événement fondateur de mon idéologie politique, mais je pense que c'est essentiel de sensibiliser les gens là-dessus », a partagé Philippe Poutou à propos d'une erreur de *stock trading* qui l'a longtemps rendu jaloux de ses copains du quartier de la Défense. « C'était un beau jour de 2008, et j'étais convaincu que j'étais le roi du monde. J'étais sur le bon chemin pour vivre dans un manoir à Malibu avec toutes les femmes que je voulais, enfin la belle vie quoi », poursuit le syndicaliste plein de regrets en ce qui concerne son portefeuille d'investissement. « Le pire, c'est que j'ai tout claqué dans des parts de BlackBerry, et on sait tous comment ils se sont cassé la gueule », ajoute-t-il avec une larme à l'œil.

Le regret, une arme pour réussir dans le monde de la finance ?

Interrogé sur ce qu'il qualifie de « plus grand désastre stratégique de ma vie de trader financier », l'ouvrier et homme politique tire des leçons de ses erreurs. « C'est sûr que j'ai beaucoup appris, mais de toute façon, aujourd'hui il faut investir dans les cryptos parce que c'est là que ça se passe », explique-t-il avant de nous proposer de nous inscrire sur Coinbase via son lien de parrainage. « Le meilleur moyen de combattre le capitalisme et de vaincre ces tocards de riches qui se croient meilleurs que moi juste parce qu'ils ont eu de la patience en 2008, c'est d'investir dans mon projet de crypto-monnaie, Poutou Coin. »

PRIS DE PITIÉ, JEAN LASSALLE OFFRE 1 % À ANNE HIDALGO

Pris de pitié devant les résultats du premier tour, Jean Lassalle a offert 1% de ses 3% à la candidate du PS, Anne Hidalgo.

Lorsqu'on l'interroge sur ce beau geste, Jean Lassalle s'exclame: « Mais c'est naturel et normal! Je suis avant tout un gentleman! Quand je vois une demoiselle en difficulté, mon premier réflexe, c'est de l'aider. On ne peut pas laisser une dame seule sans défense. C'est pourquoi je lui offre ce 1% de mon score. Je n'ai pas besoin de plus. Moi, 2 %, ça me suffit pour vivre cinq ans dans mes montagnes! Après tout, elle a juste fait un mauvais choix de campagne. Moi, j'ai gagné car on ne comprend rien à ce que je dis; elle, elle a perdu car on a tous très bien compris ce qu'elle disait. »

Présidentielle 2022

Second tour – Emmanuel Macron achète à McKinsey pour 100 millions d'euros de nouvelles phrases humiliantes contre les Français

Afin de remporter le second tour haut la main, Emmanuel Macron a acheté au cabinet McKinsey de nouvelles phrases humiliantes contre les Français.

Dans son bureau, Emmanuel Macron affiche un sourire franc : « Visiblement, les Français adorent que je dise ce que je pense. Et ce que je pense, c'est que ce sont des feignasses stupides, des beaufs alcooliques et bons à rien. Mais vous voyez, dit comme ça, c'est trop trivial. C'est pourquoi j'ai une fois de plus fait appel à mes amis de chez McKinsey pour diversifier les petites phrases que je pourrai glisser dans l'entre-deux tours ! »

Les pieds sur son bureau, Emmanuel Macron continue de nous expliquer les contours de son plan. « Franchement, 28 % alors que je les humilie publiquement depuis cinq ans, c'est fabuleux ! Ils sont pauvres, mais ils m'adorent ! On dit qu'ils sont masochistes, je crois qu'ils sont simplement admiratifs. Et comment ne pas l'être ? » lance-t-il, tout sourire, en se regardant dans une glace.

Une méthode qui a fait ses preuves

Devant sa fenêtre, le regard vers l'horizon, le président de la République continue. « Je sais que McKinsey va faire du très bon boulot. Ça a coûté 100 millions, mais c'est donné ! Ils ont vu que "les Gaulois réfractaires", "les gens qui ne sont rien", ou le boulot qu'on trouve "en traversant la rue" sont devenus des classiques. Je crois donc que c'est la bonne décision, c'est ça qu'ils veulent, ces glandus franchouillards… Oh, c'est pas mal ça, "glandus franchouillards", non ? Notez-le au cas où, ça en fera un gratuit ! »

MARINE LE PEN APPELLE À VOTER EMMANUEL MACRON POUR NE PAS AVOIR À GOUVERNER

La dirigeante du Rassemblement national a surpris ce soir en appelant à voter Emmanuel Macron par ces mots: « Ce soir, je vous appelle tous à faire barrage à l'extrême droite et à glisser dans l'urne un bulletin Emmanuel Macron. Ainsi je pourrai rester dans l'opposition et n'aurai pas à gouverner, car c'est beaucoup trop de responsabilités et de travail. » Une décision lucide saluée par tous les cadres du parti.

Présidentielle 2022

Anne Hidalgo repart avec une encyclopédie Larousse sur les leaders politiques et un gaufrier Silvercrest

Loin de repartir les mains vides après sa défaite, Anne Hidalgo gagne une magnifique encyclopédie et un appareil à gaufres.

« Anne, les éditions Larousse ont le plaisir de vous offrir une encyclopédie sur les politiques charismatiques, illustrée par de superbes photographies allant du général De Gaulle à Arlette Laguiller. » Voici le premier message réconfortant qu'aurait reçu Anne Hidalgo, déchue après les résultats du premier tour. Vers 20 heures, les coups de téléphone s'enchaînent : au moins quatre personnes appellent pour soutenir la maire de Paris dans cette défaite que personne n'avait vue venir.

L'émotion est palpable ce soir au siège du Parti socialiste, et notamment lorsque Willy, un employé de chez Lidl, s'approche d'Anne Hidalgo pour lui offrir en personne un superbe gaufrier rotatif Silvercrest flambant neuf. Un geste que la candidate de gauche n'est pas près d'oublier. « Une encyclopédie ET un appareil à gaufres, mais c'est super quoi. Les frais de campagne valent la peine d'être remboursés quand on ressent autant d'amour venant des Français », dit celle qui a presque failli créer la surprise, le regard encore hagard.

Soudain, la nouvelle tombe : Jean-Luc Mélenchon repart avec une Jeep Renegade et un an d'abonnement à *Télé 7 Jours* : coup dur pour la leader du PS. « Il ne lui manquait que 18 points pour ce lot. Rendez-vous aux législatives ! » nous lance avec défi l'un de ses proches conseillers visiblement sous l'emprise de drogue dure.

MANUEL VALLS INTERCEPTÉ À PLUS DE 240 KM/H SUR L'AUTOROUTE ALORS QU'IL ALLAIT FÉLICITER EMMANUEL MACRON

L'ancien conseiller municipal de Barcelone a été intercepté à plus de 240 km/h alors qu'il allait féliciter Emmanuel Macron pour sa réélection.

La voiture de l'ancien maire a été saisie et immédiatement mise en fourrière. Devant les gendarmes, Manuel Valls a fait preuve d'incivilité, affirmant «être un grand ami du nouveau président» qui allait «bientôt avoir un poste avec des responsabilités», les menaçant d'un «vous allez moins faire les malins».

Le permis de Manuel Valls a quant à lui été suspendu, et l'ancien ministre devra utiliser les transports en commun pour se rendre auprès d'Emmanuel Macron. La RATP demande aux voyageurs qui seraient amenés à croiser Manuel Valls dans les transports de garder leur calme et leur tempérament.

Monde libre

L'Ukraine choisit Anne-Sophie Lapix pour négocier avec Vladimir Poutine

La présentatrice a été choisie par le président ukrainien, lui-même séduit par sa réputation qui a fait reculer Emmanuel Macron et Marine Le Pen pour animer le débat de l'entre-deux tours.

« Elle va le casser en deux, vous allez voir », a expliqué Volodymyr Zelensky après avoir confirmé son choix : Anne-Sophie Lapix sera émissaire dans le cadre des négociations avec la Russie. Une nouvelle également rendue publique par la journaliste qui partira dès demain pour Kiev, afin de commencer à entraîner le reste de l'équipe de diplomates qui doit l'accompagner. « Si ça ne suffit pas, il y a cette autre journaliste, Élise Lucet, paraît-il qu'elle ne lâche rien. Et si ça ne suffit toujours pas, on mettra aussi les équipes de Mediapart, regardez ce qu'ils ont fait à Fillon et à François de Rugy. La Russie va battre en retraite et à la fin, c'est elle qui demandera la protection de l'OTAN. »

De possibles représailles russes

De son côté, la Russie a affirmé que l'envoi d'Anne-Sophie Lapix pouvait correspondre au franchissement d'une ligne rouge avec l'utilisation d'un armement non conventionnel. Elle se réserve donc le droit de porter plainte auprès de l'ONU, ou d'opérer une frappe nucléaire tactique sur le siège de France Télévisions.

POUR REMBOURSER SES DETTES, VALÉRIE PÉCRESSE POSTULE CHEZ MCKINSEY

Valérie Pécresse a annoncé qu'elle allait postuler à un emploi très rémunérateur pour espérer combler ses dettes.

« Je ne sais pas pourquoi j'y ai pas pensé plus tôt ! » s'exclame Valérie Pécresse. « C'est un job qui demande de l'expérience en politique et dans le cynisme. Après vingt ans chez les Républicains, je crois que j'ai le profil parfait ! »

Valérie Pécresse continue de nous expliquer son plan tout en tapant frénétiquement sur sa calculette. « J'ai fait le calcul, il suffit de trouver deux conseils pour briser les acquis sociaux du pays et je devrais pouvoir tout rembourser en dix jours. Elle est pas belle la vie ? »

Hélas, un revirement de situation vient gâcher la fête. Mediapart révèle que « l'idée de postuler chez McKinsey était une idée… de McKinsey ». L'ancienne candidate LR est donc désormais endettée non plus de 5, mais de 15 millions d'euros.

MAI 2022

Politique

Soucieux de l'avis du peuple, Emmanuel Macron lance un référendum sur le lieu de construction de sa statue géante

Son entourage ne cesse de le répéter : Macron II sera différent de Macron I. Afin de montrer qu'il entend désormais consulter le peuple, le président a décidé de soumettre le lieu de construction de sa statue géante à un référendum.

« J'ai entendu le cri des Français et je veux les faire participer davantage aux décisions. C'est pourquoi je lancerai un grand référendum sur le lieu de construction de ma statue géante », a indiqué le président de la République lors d'une conférence de presse organisée pour l'occasion.

Selon nos informations, le peuple n'aura toutefois le choix qu'entre deux lieux : la place du Panthéon ou la tour Eiffel, qui serait dès lors détruite et remplacée par ladite statue. Aux critiques formulées par l'opposition, qui dénonce un narcissisme exacerbé et des projets aux antipodes des préoccupations des Français, Emmanuel Macron a simplement rétorqué : « Le peuple a regretté ma sortie sur la culture française : j'ai entendu son appel. »

Vers des consultations régulières ?

Cette proposition du président fraîchement élu ne devrait pas être un cas isolé et celui-ci souhaiterait, d'après ses proches, faire appel au vote du peuple de plus en plus fréquemment. Parmi les sujets qu'il voudrait soumettre à un référendum figureraient, par exemple, l'âge de départ à la retraite à 65 ou à 70 ans, la suppression du RSA pour trente ans ou à vie, le choix de l'œil droit ou de l'œil gauche pour éborgner les Gilets jaunes ainsi que la date de mise à mort de Jean-Luc Mélenchon et de Marine Le Pen.

Cette nouvelle façon de procéder n'est pas sans rappeler l'initiative de Nicolas Sarkozy qui avait souhaité, en fin de mandat, consulter le peuple sur son désir de l'élire président à vie.

Politique

Union de la gauche – Jean-Luc Mélenchon propose aux députés PS de faire le ménage dans les locaux de son parti

Jean-Luc Mélenchon a lancé un dernier ultimatum aux dirigeants socialistes en leur proposant plusieurs postes de techniciens de surface dans le cadre de la future union des gauches aux législatives.

Dernière ligne droite et toujours pas d'accord en vue dans les négociations pour un rapprochement entre La France insoumise et le Parti socialiste aux prochaines élections législatives. Les discussions qui se poursuivent entre les deux délégations coinceraient sur un désaccord de fond : en effet, les socialistes exigent un nombre trop élevé de circonscriptions au goût de LFI, mais également la possibilité de pouvoir trahir l'Union populaire pour participer au prochain gouvernement d'Emmanuel Macron.

Des négociations au point mort

Faute de circonscription, Jean-Luc Mélenchon a proposé aux socialistes de rejoindre l'Union populaire en tant que personnel de ménage au sein des locaux de La France insoumise. « Les socialistes ont un rôle clé dans la nouvelle union de la gauche », a déclaré Manuel Bompard, qui précise avoir offert au premier secrétaire du PS Olivier Faure de faire les vitres du bureau de Jean-Luc Mélenchon, et à son porte-parole Pierre Jouvet d'arroser les plantes le vendredi après-midi.

Au sein même du Parti socialiste, la division gagne du terrain et certains accusent La France insoumise d'abuser de sa position de force, allant même jusqu'à parler de sectarisme. « Ils exigent qu'on soit de gauche pour être habilité à participer à l'union de la gauche. C'est inacceptable », pestaient plusieurs d'entre eux après avoir claqué la porte des négociations.

Économie

Pourquoi ne ressentez-vous pas l'inflation depuis votre résidence secondaire avec piscine ?

C'est une question qui revient souvent parmi nos lecteurs. Voici quelques éléments de réponse.

Il arrive souvent que l'on entende aux informations que l'inflation touche de plus en plus les Français. Mais alors pourquoi ressentez-vous parfois ce sentiment d'être à la marge, plongé dans la piscine chauffante de votre maison à La Baule avec vue sur mer ?

Se détourner des mauvaises ondes économiques

Le spécialiste économique François Lenglet apporte une première piste de réflexion à cette question fondamentale : « Il semblerait qu'une certaine catégorie de Français vive dans des locaux entièrement hermétiques aux mauvaises ondes économiques. Une maison de vacances sur trois étages, un duplex dans le centre d'une mégalopole ou une voiture de luxe, par exemple. On est donc plus sur une raison d'architecture que d'économie. L'inflation est là, mais elle ne passe pas. » Nous nous sommes ensuite tournés vers l'essayiste Brice Couturier, auteur de *Macron, un président philosophe*. « Je crois que certains Français savent prendre du recul face à l'inflation. C'est tout un art d'apprendre à calmer le jeu, à enlever ses mocassins, couper le moteur de sa Mercedes et éteindre BFM Business dans l'une de ses maisons de vacances. C'est pour cela qu'il faut faire attention et beaucoup aérer nos résidences secondaires. Car vous savez, même dans 200 mètres carrés, une nuisance inflationniste peut faire des dégâts. »

Nous terminons notre enquête dans le bureau du ministre de l'Économie, Bruno Le Maire. « Vous savez, comme on l'a vu avec le Covid, tous les Français ne sont pas égaux face à la maladie ou à la pauvreté. Pour certains, il suffit d'un petit coup d'inflation pour que leurs défenses immunitaires flanchent complètement. C'est très courant chez les chômeurs, qu'on reconnaît à leur immense poil dans la main. Une grosse main charnue et abîmée, car ces individus n'ont jamais su faire autre chose que travailler avec.

Enfin bon, au moins, rassurez vos lecteurs : c'est parfaitement normal de ne pas ressentir l'inflation dans sa résidence secondaire avec piscine ! Tout va bien ! » lâche-t-il dans un immense éclat de rire, avant de nous inviter à trinquer au champagne.

Au-delà du périphérique

À seulement 22 ans, il demande à son voisin de baisser le son

Un étudiant tout juste âgé de 22 ans est encore sous le choc après avoir demandé à son voisin de baisser le son.

« Je ne sais pas ce qui s'est passé, c'était plus fort que moi », déclare le jeune homme, encore chamboulé par l'expérience. Samedi soir, aux environs de 22 h 43 et alors qu'il venait de passer une journée avec ses amis, le jeune Valentin, 22 ans, rejoint sa résidence étudiante. Alors qu'il s'apprête à s'endormir, il entend son voisin rentrer chez lui « avec au moins sept personnes », précise-t-il la voix tremblante. « À partir de là, tout est allé très vite. Ils ont direct commencé par "Les Lacs du Connemara" [son voisin est étudiant en école de commerce, NDLR] et après cela a été l'escalade : "J'irai où tu iras", "Gabrielle", "Paris Latino", "Cœur de Loup"... tous les tubes des années 1980 s'enchaînaient, c'était l'enfer. Je devais intervenir. »

C'est alors que du haut de ses 22 ans, Valentin se décide à enfiler un peignoir éponge rayé avec une seule idée en tête : arrêter ce brouhaha quoi qu'il en coûte. Arrivé devant la porte du fêtard, il n'hésite pas une seconde à appuyer sur la sonnette un nombre incalculable de fois (à cinq reprises, selon certains témoins de la scène). Quand la porte s'ouvre, son odorat est submergé par les relents de tabac provenant des cendriers froids, les parfums sucrés de whisky-Coca... « Ça a vraiment été le moment où tout a basculé, se souvient-il. J'ai dit que j'avais cours le lendemain et que ce n'était pas la fête du slip. Il m'a répondu "O.K. boomer" en regardant mon beau peignoir et m'a claqué la porte au nez. »

Selon une source proche du dossier, le voisin aurait alors mis l'album de Juliette Armanet, créant ainsi des ultrasons inaudibles pour l'oreille humaine qui ont permis à Valentin de boire sa tisane Nuit calme en toute quiétude.

POUR POUVOIR PAYER LE CONTRAT DE KYLIAN MBAPPÉ, L'ÉMIR DU QATAR DÉMÉNAGE DANS UN T2 À AUBERVILLIERS

Le monarque est prêt à tous les sacrifices pour garder la pépite parisienne dans son club.

Un appartement bien loin des standings de Sa Majesté, mais pour l'émir, le sacrifice en vaut la peine. « Il nous faut Kylian pour remporter la Ligue des champions, alors j'ai dû réduire mon train de vie. Mais bon, c'est un petit appartement dans son jus qui a du charme et est très proche des commodités », confie le souverain dont les douze enfants doivent maintenant s'entasser dans ce logement de la banlieue parisienne.

Son altesse est même allée jusqu'à vendre sa propre garde-robe pour payer le contrat mirobolant du joueur parisien. Avec son jogging Decathlon, son pull Celio et ses Crocs, l'émir pourrait même passer pour un citoyen lambda s'il n'avait pas gardé son traditionnel keffieh doré sur la tête et son faucon sur l'épaule, lesquels trahissent son appartenance à une noble lignée.

Il y a tout de même un privilège auquel le haut dignitaire n'a pas pu renoncer, l'un de ses joyaux. « J'ai gardé mon Rafale, je ne peux m'en séparer. Alors, c'est vrai que ça dénote un peu quand je me balade dans les rues d'Aubervilliers pour faire les courses. Mais le plus dur, c'est surtout de se garer », déclare, un brin rieur, le monarque Tamim ben Hamad Al Thani.

Politique

Pour son investiture, Élisabeth Borne sacrifie un chômeur dans la cour de Matignon

Pour fêter son investiture, la nouvelle Première ministre a exceptionnellement été autorisée à sacrifier un chômeur de longue durée dans la cour de Matignon, sous le regard amusé du président. Une célébration originale mais saluée par la presse, qui prouve que la nouvelle Première ministre ne manque pas d'audace.

« Le chômeur a été choisi au hasard parmi une sacrée liste de fainéants qui vivent aux crochets de la société, confie Gabriel Attal, le porte-parole du gouvernement. C'est tombé sur un certain Philippe Planchet, un pauvre homme de 52 ans qui est retourné vivre chez ses parents sous prétexte qu'on n'embauche plus les seniors... Vous imaginez sa tête quand les forces de l'ordre sont venues le chercher dans sa chambre ? »

Une cérémonie sobre et symbolique

Concernant la méthode sacrificielle, Élisabeth Borne a opté pour le bûcher traditionnel au milieu de la cour. Malgré la pénurie de bois et le prix du baril d'essence, cela n'a pas été un problème, car tout a bien sûr été pris en charge par le contribuable.

Cependant, malgré la qualité de la mise en place, le feu a mis du temps à prendre et il a fallu placer des journaux roulés en boule entre les plus grosses planches de bois. C'est le président lui-même qui s'est retroussé les manches pour « allumer le barbeuc ». En bon homme d'action, il a su résoudre le problème en quelques minutes et Élisabeth Borne a pu célébrer son investiture sans se salir les mains. Ravie de l'événement, elle a quand même éprouvé une pointe de déception. « C'est dommage, la fumée l'a asphyxié avant qu'il ne prenne feu... Bon, on ne va pas bouder notre plaisir, mais même dans la mort, il n'aura pas fait beaucoup d'efforts... Dommage. »

Espérons que ce sacrifice porte bonheur à la nouvelle Première ministre qui, nous en sommes sûrs, mènera la France vers de brillants sommets.

Politique

Jean-Luc Mélenchon propose à Élisabeth Borne de nommer lui-même les ministres pour gagner du temps

Le leader de La France insoumise a déclaré ce matin qu'il serait préférable qu'il nomme lui-même les ministres du nouveau gouvernement « pour gagner du temps ». Selon nos informations, il aurait appelé Élisabeth Borne.

« Nous avons beaucoup à faire pour redresser la France. Ce serait plus simple et plus efficace que je nomme moi-même les ministres du nouveau gouvernement pour gagner du temps. Je pense d'ailleurs que celle qui assure l'intérim en conviendra », a déclaré ce matin Jean-Luc Mélenchon au micro de BFM. Il a ensuite proposé d'animer le prochain Conseil des ministres – qui n'aura pas lieu avant jeudi – « pour commencer à se faire la main ». Puis de justifier : « On doit réformer en profondeur, il n'est plus temps d'attendre », avant de s'exclamer : « La VIe République, c'est moi ! »
Selon nos informations, le leader LFI aurait déjà installé ses affaires et une bonne partie de ses meubles à Matignon.

Un gouvernement « extrêmement resserré »

Jean-Luc Mélenchon a également annoncé qu'il allait programmer très prochainement des rendez-vous avec Jean Castex « pour que la passation de pouvoir se passe au mieux ». Il plaide aussi pour l'annulation des élections législatives qui risquent de « reculer bêtement (s)on investiture d'un mois ».

Quant à son gouvernement, il assure qu'il sera « extrêmement resserré » puisqu'il prévoit de supprimer le ministère de l'Intérieur et de nommer « un hologramme de Jean-Luc Mélenchon à chaque poste ».

1 FRANÇAIS SUR 2 PENSE ÊTRE L'AUTRE FRANÇAIS SUR 2

«On est toujours à mettre tous les Français dans le même panier alors que, je suis désolé, mais c'est pas parce que j'ai un CD des Enfoirés que je pense comme l'autre con de Thierry!» s'exclame Patrick après avoir lu le dernier sondage Ifop paru dans Mediapart. Les Français y ont découvert un mensonge savamment orchestré: les sondages les concernant concerneraient finalement l'autre moitié des Français. C'est un véritable coup de tonnerre pour cette moitié des Français concernés.

«Moi, je pensais que j'étais comptabilisé, mais en fait non. C'est vraiment se foutre de la gueule du monde. Comment je me repère, maintenant?» demande Patrick sans attendre de réponse, alors qu'un groupe de curieux s'agglutine autour de lui. «Moi, ça me rassure, parce que je me disais que les Français étaient vraiment tous cons alors qu'en fait, c'est que les autres», intervient la tenancière d'un PMU.

Contacté par téléphone pour réagir à chaud, l'ancien directeur de campagne d'Anne Hidalgo a simplement déclaré: «Une chose est sûre, c'est qu'avec un sondage pareil, on avait nos chances!»

Monde libre

Volodymyr Zelensky interviendra dans votre réunion en visio de cet après-midi

Après le Festival de Cannes, Volodymyr Zelensky interviendra pendant votre réunion en visio dès cet après-midi.

Lorsqu'on lui demande de nous parler de son nouveau plan com, le président Ukrainien n'est pas peu fier de sa trouvaille : « Ça fait partie de notre nouvelle stratégie pour sensibiliser les Européens à ce conflit. Le Festival de Cannes c'était un joli coup, mais il faut aller plus loin. C'est pourquoi je vais désormais interrompre des conférences Skype au hasard dès cet après-midi. Alors, soyez bon car je serai intraitable sur la qualité de votre PowerPoint et de vos slides ! »

Zelensky ne compte pas s'arrêter là : « Je vais également intervenir dans plein d'événements multimédias. Vous me verrez dans le téléshopping pour vendre mes célèbres T-shirts kaki, dans *Fort Boyard* caché sous le costume du père Fouras, lors d'un live sur Twitch, et même pendant la finale de la Ligue des champions car je vais envahir le stade pour demander à l'Europe de continuer à nous soutenir ! » s'époumone le courageux dirigeant.

Cependant, Volodymyr Zelensky n'est pas sans savoir qu'une stratégie de communication peut se retourner contre soi. « C'est pour ça que je fais confiance à mon entourage. Ils savent me freiner. Par exemple, lorsque j'avais proposé d'alerter le monde en dansant en crop top sur TikTok, ils ont refusé catégoriquement. C'est dommage, j'avais répété la chorégraphie, mais on m'a dit que c'était un peu trop. Pourtant j'assure, vous ne trouvez pas ? » termine le président ukrainien en dansant devant nous, debout sur sa table, sur un tube de Jason Derulo.

5 CHOSES À SAVOIR SUR ÉLISABETH BORNE, NOUVELLE PREMIÈRE MINISTRE

1. Elle a bénéficié d'un non-lieu controversé dans une ténébreuse affaire de bulldozer lancé à pleine vitesse contre son ex-club de ping-pong, lequel avait décliné sa candidature.

2. Elle a refusé un rôle-titre dans la trilogie *Camping*, malgré les supplications de Franck Dubosc.

3. Elle a une passion secrète pour les castors et est capable de vous citer la totalité de leur taxonomie. (Elle a un jour provoqué une bagarre dans un bar après qu'un assistant parlementaire a parlé de *Castor canadensis* au lieu de *Castor fiber*.)

4. Elle possède une collection unique de 7500 chemises hawaïennes qu'elle porte en tout temps, de jour comme de nuit, soigneusement dissimulées sous un chemisier ou une veste stricte.

5. C'est elle qui aurait tuyauté les informations concernant François de Rugy à Mediapart, sous le nom d'informatrice de « Petit crustacé libéral ».

Sciences

Déprimé et jamais content, un homme de 37 ans se voit diagnostiqué « Français »

Jérémie va maintenant devoir apprendre à vivre avec cette terrible affection.

Les signaux étaient assez explicites mais Jérémie espérait se tromper. « J'avais lu sur Doctissimo que cela faisait partie des symptômes, mais je n'ai pas voulu m'alarmer. Les gens se moquaient de moi et me disaient "mais non, t'en fais pas, t'es pas Français, t'es juste un peu surmené en ce moment" », témoigne-t-il, alors qu'il râle dans les embouteillages.

Malheureusement, hier, le couperet tombe après une prise de sang : Jérémie est positif à la nationalité française, une affection longue durée très handicapante mais remboursée à 100 % par la Sécurité sociale. « Toute votre vie bascule en un instant, vous savez qu'il y a des choses que vous ne pourrez plus jamais apprécier : un voyage au soleil, un film, un mariage. Vous trouverez toujours qu'il y a quelque chose qui ne va pas. Vous savez que quand on vous demandera "Ça va ?", vous répondrez désormais des phrases comme "écoute, on fait comme on peut" », nous glisse le primo Français qui broie du noir depuis qu'il a vu la météo ce matin.

Un mal incurable

Il n'existe aucun traitement pour soigner cette terrible maladie alors que près de 65 millions de personnes sont atteintes de nationalité française. « Pour l'instant, la seule chose qui marche pour les soulager, c'est le vin. Mais ce n'est qu'un soin palliatif qui ne traite pas la cause de la maladie », déclare le docteur Bernard Moutier, lui-même atteint par ce mal effroyable.

POUR ATTIRER LES JEUNES, L'ÉGLISE PROPOSE DÉSORMAIS DES HOSTIES GOÛT « BACON » ET « CHEESE & ONION »

Pour faire revenir les jeunes dans les églises, le Vatican a présenté les nouveaux goûts qu'auront les hosties à la rentrée prochaine.

L'Église veut se moderniser et elle a décidé de commencer par son sacrement le plus important : l'eucharistie. « Les hosties ont toujours repoussé les plus jeunes, par leur texture ou leur manque de saveur. On a hésité entre « Texan Barbecue » et « Salt & Vinegar », mais le pape François a imposé ses Pringles préférés », nous confie un membre du clergé.

L'initiative a été lancée dans plusieurs paroisses de la région parisienne et l'opération séduction semble fonctionner. « Maintenant, le corps du Christ, il est énerrrrrvé. Wesh avant, son corps, on aurait dit c'était un produit Bjorg mon frère. Maintenant, je me cale un petit Red Bull juste avant de communier et chuis ienb », témoigne Kylian, 17 ans.

JUIN
2022

Au-delà du périphérique

L'ONU somme la Bretagne de mettre fin à la crucifixion des mangeurs de beurre doux

Est-ce la fin d'une longue tradition ? Si, jusque-là, cette pratique était parfois découragée, elle était encore tolérée partout sur le territoire breton. Il se pourrait que cela soit définitivement terminé.

Ce matin, l'ONU a demandé officiellement à la Bretagne de cesser les crucifixions des mangeurs de beurre doux. À Rennes, dans le chef-lieu de la région, c'est la consternation. « Je ne comprends pas, ça fait partie du folklore », déplore un passant. « C'est inadmissible, on cherche à briser notre identité », s'indigne Pascal, buraliste.

Pour d'autres, c'est tout un pan de l'histoire de la région qu'on assassine. « C'est incompréhensible. Et après, les mêmes se plaignent qu'il n'y ait plus d'événements familiaux », s'emporte le maire du Paimpol. Puis d'ajouter : « Il ne faut pas s'étonner ensuite que notre société soit gangrenée par les incivilités et qu'il y ait des dérives barbares ! »

Un avenir sombre

Au-delà de cette nouvelle qui a ébranlé la communauté bretonne, les habitants s'inquiètent pour leur avenir. « Est-ce que ça veut dire que bientôt on ne pourra plus écarteler les buveurs de Calvados ? » se demande Chloé, étudiante. Quant à la question de Marcel, retraité, elle sonne comme un cri du cœur : « Est-ce qu'on pourra encore asservir ceux qui affirment que le Mont-Saint-Michel est normand ? » On le sait, faire évoluer les mentalités prend du temps. À Toulouse, il a fallu attendre vingt ans avant que soit reconnu le génocide des défenseurs du « pain au chocolat ». Si l'ONU essaye d'être plus vigilante sur ces sujets, elle n'a en revanche pas dit un mot sur les sévices subis par les consommateurs de pizzas à l'ananas en Italie.

EMMANUEL MACRON VA RENCONTRER LE RÉCHAUFFEMENT CLIMATIQUE POUR LUI DEMANDER DE CESSER IMMÉDIATEMENT SON AGRESSION

Le président souhaite une fois de plus privilégier la diplomatie pour régler la crise actuelle.

L'échec des négociations pour éviter le conflit en Ukraine n'a pas altéré la foi d'Emmanuel Macron: c'est bien par la voix du dialogue que le chef de l'État espère régler la nouvelle crise qui frappe l'Europe. «Nous allons tout faire pour éviter une guerre ouverte contre le réchauffement climatique. Il faut éviter une décroissance qui toucherait directement le portefeuille d'action d'entreprises du CAC 40 les plus fragiles», a-t-il déclaré lors d'un communiqué de presse.

Bien sûr, le leader de La République en marche a rappelé qu'il condamnait avec la plus grande fermeté ces agressions répétées, et notamment la vague de chaleur qui frappe le monde entier depuis la mi-juin. Des condamnations qui ne semblent pas intimider outre mesure le réchauffement climatique qui, depuis son palais surprotégé, a réaffirmé qu'il était bien décidé «à dénazifier la Terre de l'humanité».

Politique

L'homme qui prétendait avoir vu Élisabeth Borne rire en 1986 avoue sur son lit de mort qu'il avait tout inventé

La légende faisait la réputation du petit village de Saint-Omer dans le Calvados. Le panneau portant l'inscription « Ici en 1986, à l'occasion de la visite d'un chantier de construction, Élisabeth Borne a ri » qui marque l'entrée du village ne devrait pas être retiré.

C'est un mensonge qui durait depuis trente-six ans. La légende selon laquelle Élisabeth Borne aurait ri en 1986 n'était qu'une vaste supercherie inventée de toutes pièces par Thierry et Jean, deux habitants du Calvados. Les enfants de l'auteur du canular ont rétabli la vérité après que leur père a confessé sur son lit de mort « avoir tout inventé pour faire une blague ».

Un canular qui a dégénéré

Selon les derniers mots du défunt, le canular autour d'Élisabeth Borne n'était au départ qu'une simple blague destinée à faire rire quelques collègues. « Mon père et son ami se sont retrouvés complètement dépassés lorsqu'ils ont constaté que la presse et les curieux se déplaçaient à Saint-Omer », ont déclaré les enfants de Thierry dans la presse locale.

Le secret enfin percé à jour

Constatant un essor du tourisme dans le village, les deux plaisantins flairent la bonne affaire et vont jusqu'à ouvrir en 1991 une boutique de souvenirs proposant des statuettes d'Élisabeth Borne hilare.

Après le décès de son ami Jean en 2009, l'homme restait le dernier témoin à affirmer avoir vu la Première ministre rire. « Nous avons senti que notre père était soulagé. Il est parti en paix après avoir révélé son secret. »

La thèse selon laquelle Élisabeth Borne avait ri en 1986 était remise en question par la majorité des experts qui pointent du doigt les nombreuses incohérences dans le récit des deux hommes. Plusieurs clichés qualifiés de photomontages grotesques montrant la Première ministre rire et faire un « chat-bite » à un de ses collaborateurs avaient fortement discrédité la version des deux hommes.

Politique

Après vérification de ses infos, *Le Point* retire son article « Mélenchon, ses 2 000 esclaves sexuels, sa collection de cornes de rhinocéros et son building à Dubaï »

Une fois n'est pas coutume, le magazine *Le Point* a été contraint de retirer un de ses articles en ligne faute de sources fiables.

Il y a deux jours, le magazine sortait un article au titre retentissant qui accablait le patron de La France insoumise. On y apprenait notamment que le député retenait deux mille esclaves dans les locaux du parti, esclaves qui devaient être prêts à coucher avec lui à n'importe quel moment, tout en l'appelant « Monsieur le Premier ministre ».

L'article allait même plus loin, prétendant que le tribun était propriétaire d'un gratte-ciel à Dubaï, financé grâce à son business de trafics d'organes de chômeurs. C'est aussi dans ce lieu qu'il aurait surnommé son « donjon », qu'il aurait amassé ses trophées de chasse ; notamment sa collection de cornes de rhinocéros ainsi que ses cinq cents Pygmées.

Un *mea culpa* en demi-teinte

Mais à 11 heures ce matin, après plusieurs plaintes de Jean-Luc Mélenchon, la direction du magazine retire l'article, et présente ses excuses dans un communiqué évoquant des « erreurs » et « des manquements ». Dans la foulée, *Le Point* annonce la suspension temporaire du chihuahua responsable du fact-checking des articles en ligne. « C'est une erreur individuelle, elle ne doit en aucun cas remettre en question notre objectivité à dire du mal de la gauche », a déclaré le rédacteur en chef.

NOTRE GUIDE DE SURVIE EN CAS D'INVASION RUSSE

Il ne vous aura pas échappé que les invasions russes deviennent un réel problème en Europe ces derniers temps, avec leur lot de désagréments multiples qui, dans les cas les plus extrêmes peuvent vous obliger à repousser vos vacances ou déposer plainte auprès du tribunal international de La Haye. Pour éviter tous ces petits tracas, l'équipe du *Gorafi* a rassemblé ses meilleurs conseils de survie dans ce guide.

1- Éviter d'avoir des frontières communes avec la Russie

Dans la plupart des cas d'invasions russes, il a été remarqué que près de 100 % des victimes d'invasion russe partageaient une ou plusieurs frontières avec la Russie ou un de ces satellites. Ainsi, il est recommandé de s'éloigner de ladite frontière en déplaçant son pays d'un à trois fuseaux horaires. Ce faisant, l'invasion russe sera rendue plus compliquée et cela vous laissera du temps pour vous organiser. Malin !
Taux d'efficacité : 4/5

2- Faire croire que votre pays est en fait... la Biélorussie !

Cela demande quelques prouesses de décorations et de camouflage, mais il est possible de faire croire que votre pays est en fait la Biélorussie. Et si un ou plusieurs soldats russes viennent à pénétrer sur votre sol national, expliquez-leur gentiment qu'ils se sont trompés et que le pays qu'ils cherchent se trouve à la deuxième sortie au rond-point en arrivant (et non la première sortie). Réalisant leur erreur et leur incapacité à conquérir une nouvelle fois un pays déjà occupé, les soldats russes chercheront dès lors un autre pays à envahir.
Taux d'efficacité : 2/5

3- Appeler Vladimir Poutine dix-sept fois par jour pour essayer de le raisonner

Si les techniques 1 et 2 n'ont pas porté leurs fruits, vous pouvez toujours essayer la technique approuvée par Emmanuel Macron qui consiste à saturer le standard du Kremlin en appels

téléphoniques destinés à faire changer d'avis Vladimir Poutine. Appelez de jour comme de nuit, parlez de tout et de rien, proposez de négocier, menacez-le. Au bout de plusieurs jours, deux options se profileront : soit il bloque votre numéro et vous envahit, soit vous avez réussi à le convaincre de devenir raisonnable et il vous envahit aussi, mais moins violemment.
Taux d'efficacité : 1/5

4- Contacter l'Agence tous risques

Il y a dix ans, une unité de commando d'élite stationnée au Vietnam fut envoyée en prison par un tribunal militaire. Ces hommes s'échappèrent rapidement d'une prison de haute sécurité de Los Angeles. Aujourd'hui, encore recherchés par le gouvernement, ils fuient sans cesse devant leurs poursuivants et survivent comme des mercenaires. Si vous avez un problème, si la justice ne peut plus rien pour vous, il vous reste un recours, un seul : l'Agence tous risques.
Taux d'efficacité : Mr. T /5

5- Parachuter Bernard-Henri Lévy sur le front

C'est la solution de dernier recours, la plus extrême. Demandez à BHL de se rendre séance tenante en Russie ou à proximité d'une zone menacée par l'avancée russe. Le philosophe donnera libre cours à sa passion pour les chemises entrouvertes et ira taguer des slogans révolutionnaires et de résistances sur les murs de la ville. Un geste fort qui, à n'en pas douter, sera un basculement dans la guerre (avec en outre une ou plusieurs unes de *Paris Match*).
Taux d'efficacité : 5/5

POSTFACE DE VLADIMIR POUTINE

Chers lecteurs, chères lectrices du *Gorafi*,

À la demande de ce que je considère comme la dernière presse occidentale libre, j'ai accepté de lancer une opération militaire spéciale dans les dernières pages de cet ouvrage.

Je dois dire que j'en ai été extrêmement touché. En effet, depuis que je supervise mon opération spéciale au sixième sous-sol de mon bunker de Sibérie où j'ai courageusement fui la surface de la Terre et où, héroïquement, je signe des décrets enjoignant mes aimables citoyens à rejoindre le front de manière volontaire et bénévole, les distractions sont rares.

Ayant dû me séparer de la plupart de mes chefs d'état-major que j'ai dû limoger temporairement de manière définitive, je n'ai hélas plus personne pour me lire les articles du *Gorafi* avant de me coucher le soir dans ma cellule en béton renforcé à l'épreuve des bombes perforantes.

Mais quel grand exemple pour la presse libre que votre journal ! Quel regret j'ai pour ma part quand je vois notre presse et que certains ne font que me critiquer et me reprochent même d'avoir « légèrement » abîmé la peinture des bâtiments de Marioupol ! Propagande occidentale !

Au moins, *Le Gorafi* a cette excellence de ne pas chercher à vérifier les informations à tout prix, de ne pas vouloir enquêter coûte que coûte ! D'ailleurs, un de leurs journalistes m'a ainsi proposé spontanément de publier gracieusement en échange de plusieurs centaines de milliers de roubles un article qui expliquerait que la plupart des décès de civils en Ukraine ne sont que de « banals accidents domestiques ».

De plus, j'ai été rassuré par le président Jean-François Buissière qui m'a répété que jamais *Le Gorafi* ne rejoindrait l'OTAN, ni même que l'OTAN ne placerait des bases sur le territoire du *Gorafi* !

Je dois vous laisser, j'attends le quatrième coup de fil hebdomadaire de votre président et j'ai une liste d'arrestations d'opposants politiques longue comme mon bras à signer. C'est très très fatigant.

Vladimir Poutine

REMERCIEMENTS

L'équipe du *Gorafi* remerciement pour leur contribution contractuelle bénévole volontaire dévouée et altruiste :

Sébastien Liebus, Quamel Pusati, Fabien Liebus, Benjamin Veyre, Clément Charton, Mathieu Boumal, Guillaume Pouget Abadie, Eugénie d'Huy, James Tornade, Vincent Bolloré, Valérie Dumeige, Karine Do Vale, Geoffrey La Rocca, Jean-François Buissière, Insaf Ouassal et Manuel Valls.

CRÉDITS PHOTO

P. 4, 31 haut, 69, 85, 99, 131 : Frédéric Legrand - COMEO / Shutterstock.com ; **P. 6 :** Skynesher / Istok ; **P. 11 :** baranq / Shutterstock.com ; **P. 13, 47** : Prostock-studio / Shutterstock.com ; **P. 15 :** sergiopazzano/ Shutterstock.com ; **P. 17 :** Rido / Shutterstock.com ; **P. 19 :** AsexuaL / Shutterstock.com ; **P. 21 :** Jérôme LABOUYRIE / Shutterstock.com ; **P. 23 :** Rocksweeper / Shutterstock.com ; **P. 27 :** Africa Studio / Shutterstock. com ; **P. 29 :** anatoliy_gleb / Shutterstock.com ; **P. 31 bas, 95** : Denis Makarenko / Shutterstock.com ; **P. 33 :** IKO-studio / Shutterstock.com ; **P. 35, 97, 125, 167** : Victor Joly / Shutterstock.com ; **P. 37 :** MarTata / Shutterstock. com ; **P. 39 :** Authentic travel / Shutterstock.com ; **P. 43 :** ArtBank64 / Shutterstock.com ; **P. 45, 103, 143** : fizkes/ Shutterstock.com ; **P. 49 :** Studio Romantic / Shutterstock.com ; **P. 51 :** Ground Picture / Shutterstock. com ; **P. 53 :** martinbertrand.fr / Shutterstock.com ; **P. 57 :** Flexd Design / Shutterstock.com ; **P. 59 :** busliq / Shutterstock.com ; **P. 61 :** InesBazdar / Shutterstock.com ; **P. 63 :** TommyStockProject / Shutterstock. com ; **P. 65 :** WildSnap / Shutterstock.com ; **P. 67 :** PhotocechCZ / Shutterstock.com ; **P. 73 :** Gorodenkoff / Shutterstock.com ; **P. 75 :** masisyan/ Shutterstock.com ; **P. 77 :** MikeDotta / Shutterstock.com ; **P. 79 :** De Visu / Shutterstock.com ; **P. 81 :** Roman Samborskyi/ Shutterstock.com ; **P. 83 :** barmalini / Shutterstock.com ; **P. 87 :** JCREATION / Shutterstock.com ; **P. 91 :** Pavle Bugarski / Shutterstock.com ; **P. 93, 137** : Obatala-photography / Shutterstock.com ; **P. 101 :** HJBC / Shutterstock.com ; **P. 107 :** Willyam Bradberry / Shutterstock.com ; **P. 109 :** ex0rzist / Shutterstock.com ; **P. 111 :** Kitja Kitja / Shutterstock.com **P. 113 :** lazyllama / Shutterstock.com ; **P. 115 :** ricochet64 / Shutterstock.com ; **P. 117 :** Sodel Vladyslav / Shutterstock.com ; **P. 119 :** Clara Murcia/ Shutterstock.com ; **P. 123 :** Matveev Aleksandr / Shutterstock.com ; **P. 127, 182** : Sasa Dzambic Photography / Shutterstock.com ; **P. 129 :** Sergey Nivens / Shutterstock.com ; **P. 133 :** Techit8 / Shutterstock.com ; **P. 135 :** PixieMe / Shutterstock.com ; **P. 141 :** Sviatoslav_Shevchenko / Shutterstock.com ; **P. 144 :** Fotokostic / Shutterstock.com ; **P. 147 :** askarim / Shutterstock.com ; **P. 149 :** 360b / Shutterstock.com ; **P. 151 :** Inna Vlasova / Shutterstock.com ; **P. 153 :** taniavolobueva / Shutterstock.com ; **P. 157 :** M-SUR / Shutterstock.com ; **P. 159 :** Aquarius Studio / Shutterstock.com ; **P. 161 :** Gorloff-KV / Shutterstock.com ; **P. 163 :** Antonio Guillem / Shutterstock.com ; **P. 165 :** Kiev.Victor / Shutterstock.com ; **P. 169 :** Sergei Chuzavkov / Shutterstock.com ; **P. 171 :** YAKOBCHUK VIACHESLAV / Shutterstock.com ; **P. 175 :** Dream79 / Shutterstock.com ; **P. 177 :** EvaL Miko / Shutterstock.com ; **P. 179 :** Hadrian / Shutterstock.com ; **P. 181 :** kibri_ho / Shutterstock.com.

Achevé d'imprimer en octobre 2022 par GPS Group
N° d'édition : 546469